Fettarme Küche

Fettarme Küche

Inhalt

Lombardischer Pilzsalat

1 Mit einem Pinsel den Sand von den Pilzen entfernen. Die Steinpilze vierteln und in Stücke schneiden.

2 Große Pfifferlinge halbieren. Die Austernpilze in Stücke schneiden. Die Chilischote putzen, waschen und fein hacken.

3 Die Knoblauchzehe schälen und fein hacken. Die Petersilie waschen, trocken schütteln und in Streifen schneiden.

4 3 El Öl in einer Pfanne erhitzen und die Pilze darin andünsten. Die Chilischote, den Knoblauch und die Petersilie dazugeben. Mit Salz, Pfeffer und Zitronensaft abschmecken. Das Ganze ca. 4 Minuten ziehen lassen.

5 Den Rucola putzen, waschen, trocken schleudern und die Stiele abschneiden. Essig und restliches Olivenöl mit dem Honig in einer Schüssel verrühren. Mit Salz und Pfeffer kräftig abschmecken.

6 Rucola und Salatdressig miteinander vermengen. Die Pilze aus der Pfanne nehmen und etwas abtropfen lassen.

7 Den Rucola auf Tellern anrichten, die Pilze darauf verteilen und servieren.

Rauke

Rucola oder auch Rauke ist ein uraltes Blattgemüse. Es gibt zwei verschiedene Pflanzen, die Salatrauke und die mehrjährige wilde Rauke oder Würzrauke, die etwas schärfer ist. Rucola können Sie gut selbst anbauen, und zwar sowohl auf dem Gemüsebeet als auch in Balkonkästen und Töpfen. Salatrauke neigt allerdings dazu, übermäßig Nitrat einzulagern, deswegen sollten Sie auf jeden Fall sparsam und stickstoffarm düngen und Rucola – auch den gekauften – nicht im Übermaß verzehren.

Für 4 Portionen

400 g Steinpilze
200 g Pfifferlinge
200 g Austernpilze
1 rote Chilischote
1 Knoblauchzehe
1 Bund Petersilie
5 El Olivenöl
Salz
Pfeffer aus der Mühle
2 El Zitronensaft
250 g Rucola
2 El Aceto balsamico
1 El Waldhonig

*Zubereitungszeit: ca. 40 Minuten
Pro Portion ca. 282 kcal/1184 kJ
6 g E, 26 g F, 13 g KH*

Für 4 Portionen

350 g frischer Thunfisch

1 Schalotte

2 El Olivenöl extra vergine

2 El trockener Sherry

1 Tl Sherry-Essig

Salz

schwarzer Pfeffer

3 Tl kleine Kapern

*Zubereitungszeit: ca. 10 Minuten
(plus Gefrierzeit)
Pro Portion ca. 280 kcal/1176 kJ
20 g E, 20 g F, 3 g KH*

8

Für 4 Portionen

5 Knoblauchzehen

1/2 Bund Petersilie

24 große, geschälte
Garnelen

3 El Olivenöl

1 getrocknete rote Chili-
schote

100 ml Gemüsebrühe

Holzspießchen

*Zubereitungszeit: 10 Minuten
(plus Garzeit)
Pro Portion ca. 158 kcal/662 kJ
15 g E, 9 g F, 4 g KH*

Thunfisch-Carpaccio mit Sherry

1 Den Thunfisch waschen, abtrocknen und in Folie verpackt für etwa 2 Stunden in das Tiefkühlfach legen, damit er sich besser schneiden lässt.

2 Die Schalotte schälen und fein hacken. Das Olivenöl mit dem Sherry, dem Sherryessig, Salz und Pfeffer kräftig verrühren. Die Schalotte und die abgetropften Kapern damit vermischen.

3 Den angefrorenen Thunfisch in hauchdünne Scheiben schneiden. Diese auf vier Tellern anrichten und die Sauce darüberträufeln. Mit getoastetem Baguette und trockenem Sherry servieren.

Knoblauch-Garnelen

1 Den Backofen auf 200 °C vorheizen. Knoblauch schälen und fein hacken. Petersilie waschen, trocken schütteln und fein hacken. Garnelen waschen und abtropfen lassen, eventuell vorher entdarmen.

2 Das Öl erhitzen und Knoblauch darin anbraten. Die Chilischote zerbröseln und zufügen. Petersilie 2 Minuten unter Rühren mitbraten

3 Garnelen zugeben und die Gemüsebrühe angießen. Im Backofen bei 200 °C etwa 15 Minuten garen lassen. In jede Garnele ein Holzspießchen stecken und Garnelen in dem Sud servieren. Dazu passt Weißbrot.

Für 4 Portionen

400 g Sauerampfer

5 getrocknete Datteln

100 g Palmherzen
aus der Dose

2 El Erdnussöl

600 ml Gemüsefond

Salz

Pfeffer

Ingwer- und Nelkenpulver

2–3 El scharfe schwarze
Bohnenpaste

150 ml ungesüßte
Kokosmilch

2–3 El Sesamsaat

*Zubereitungszeit: ca. 20 Minuten
(plus Garzeit)
Pro Portion ca. 188 kcal/790 kJ
8 g E, 9 g F, 15 g KH*

Für 4 Portionen

1 Zwiebel

2 Knoblauchzehen

je 1 rote und grüne
Chilischote

1 Stängel Zitronengras

1 Stück frischer Galgant
(ca. 1 cm)

2 Tl rote Currypaste

1 El Erdnussöl

3 Kaffir-Limettenblätter

750 ml Hühnerbrühe

300 ml Kokosmilch

etwas Fischsauce

etwas Limettensaft

600 g Hähnchenbrustfilets

125 g Champignons

2 Tomaten

3 Frühlingszwiebeln

etwas frischer Koriander

*Zubereitungszeit: ca. 20 Minuten
(plus Garzeit)
Pro Portion ca. 210 kcal/882 kJ
40 g E, 3 g F, 10 g KH*

Sauerampfersuppe

1 Den Sauerampfer waschen, trocknen und grob hacken. Die Datteln klein schneiden. Die Palmherzen abgießen und in kleine Stücke schneiden. Das Öl im Wok erhitzen und den Sauerampfer mit den Datteln und den Palmherzen darin kurz anbraten.

2 Den Gemüsefond angießen und mit Salz, Pfeffer, Ingwer- und Nelkenpulver würzen. Die Bohnenpaste dazugeben und alles ca. 10 Minuten köcheln lassen. Die Kokosmilch dazugießen und weitere 1–2 Minuten unter Rühren kochen lassen.

3 Sesam in einer Pfanne ohne Fett rösten. Die Suppe in Schälchen verteilen und mit Sesam bestreut servieren.

Scharfer Kokos-Hühnertopf

1 Zwiebel und Knoblauch schälen und fein hacken. Chili putzen, waschen und halbieren, Stielansatz und die Kerne entfernen und klein hacken. Zitronengras putzen, waschen und fein hacken. Galgant schälen und ebenfalls fein hacken.

2 Alles Gemüse mit der Currypaste in dem Erdnussöl anbraten. Die gewaschenen Limettenblätter zufügen und die Hühnerbrühe dazugießen, 15 Minuten köcheln. Kokosmilch unterrühren, 5 Minuten mitköcheln lassen. Mit Fischsauce und Limettensaft abschmecken.

3 Hühnerbrust in Streifen schneiden. Champignons sauber bürsten und in Scheiben schneiden. Tomaten mit kochendem Wasser überbrühen, anschließend häuten, entkernen und klein würfeln. Frühlingszwiebeln putzen, waschen und klein schneiden.

4 Alles zur Gewürzmischung geben und 5 Minuten darin garen lassen. Koriander waschen, trocken schütteln und die Blättchen von den Stielen zupfen. Den Hühnertopf mit Korianderblättern bestreut servieren.

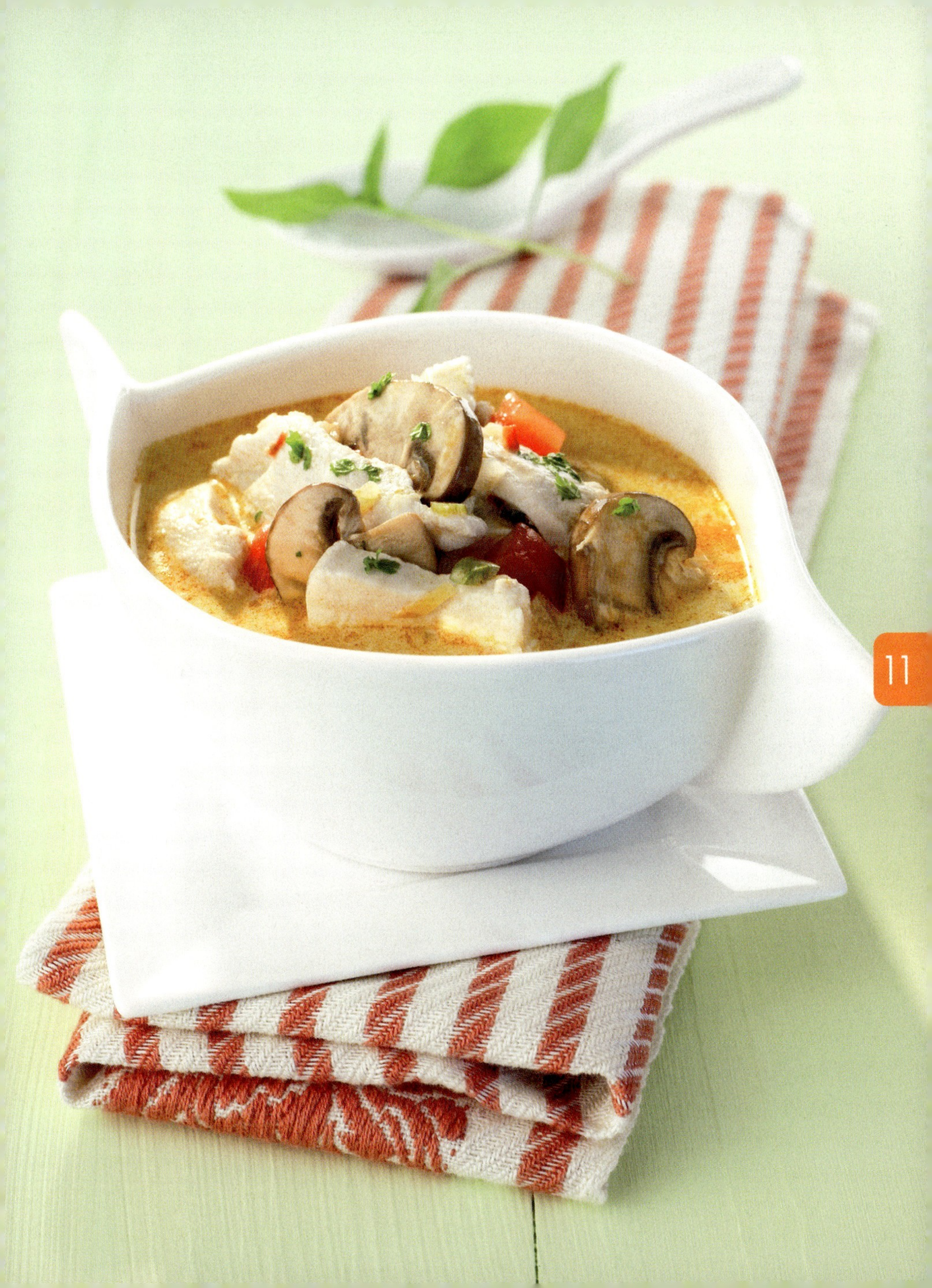

Tomaten-Canapés

1 Aus dem Brot 12 Kreise von ca. 10 cm Durchmesser aus-
techen. Tarteletteförmchen mit etwas Butter ausstreichen. Den
Backofen auf 170 °C vorheizen. Zwiebeln klein hacken und in Öl
kräftig anbraten bis sie leicht gebräunt sind.

2 Brotkreise mit angebratenen Zwiebeln belegen und portions-
weise ca. 15 Minuten braun backen. Anschließend abkühlen lassen
und das Brot vorsichtig aus den Förmchen nehmen. Pizzatomaten,
Magerquark und Sauerrahm verrühren. Die Frühlingszwiebeln putzen,
waschen und in feine Ringe schneiden. Die Kräuter waschen,
trocknen und fein hacken. Frühlingszwiebeln und Kräuter unter den
Quark rühren und alles mit Salz und Pfeffer abschmecken.

3 Die Masse auf die Brote streichen. Die Brote in eine flache,
feuerfeste Form setzen und mit dem Käse bestreuen. Alles im Backofen auf der mittleren Einschubleiste ca. 6 Minuten goldbraun
backen. Mit Kresse garniert servieren.

Für 4 Portionen

12 Scheiben Vollkornbrot

Butter für die Förmchen

2 Zwiebeln

1 El Öl

300 g Pizzatomaten
(aus der Dose)

200 g Magerquark

4 El Sauerrahm

1/2 Bund
Frühlingszwiebeln

1/2 Bund Petersilie

1/2 Bund Basilikum

Salz

Pfeffer

3 El geriebener Pecorino

Kresse zum Garnieren

*Zubereitungszeit: ca. 35 Minuten
(plus Backzeit)*
*Pro Portion ca. 171 kcal/718 kJ
13 g E, 9 g F, 34 g KH*

13

Eier-Kräuter-Tartelettes

1 Die Eier aufschlagen und mit Milch, Kräutern, Salz und
Pfeffer verrühren. Den Spargel waschen, das untere, holzige Ende
abschneiden und den Spargel in ca. 3 cm lange Stücke schneiden.
Ca. 5 Minuten in leicht gesalzenem Wasser garen.

2 Die Knoblauchzehen schälen und mit etwas Salz in einem
Mörser zerdrücken. Die Spargelstückchen mit dem Knoblauch im
heißen Olivenöl ca. 6–7 Minuten braten.

3 Die Eier-Kräutermasse dazugießen. Bei milder Hitze
ca. 3–5 Minuten stocken lassen.

4 Die Tomaten waschen und in dünne Scheiben schneiden.
Den Schnittlauch waschen, trocknen und in feine Röllchen
schneiden.

5 Den Boden der Tartelettes mit der Eier-Spargel-Mischung
belegen und mit den Tomatenscheiben bedecken. Alles mit Schnittlauch bestreut servieren.

Für 4 Portionen

6 Eier

250 ml Milch

4 El fein gewiegte Kräuter,
z. B. Schnittlauch, Petersilie, Dill

Salz

Pfeffer

250 g grüner Spargel

2 Knoblauchzehen

2 El Olivenöl

200 g Kirschtomaten

1/2 Bund Schnittlauch

8 salzige Tartelettes

*Zubereitungszeit: ca. 30 Minuten
(plus Koch- und Bratzeit)*
*Pro Portion ca. 380 kcal/1596 kJ
20 g E, 17 g F, 29 g KH*

Für 4 Portionen

3 mittelgroße
Fenchelknollen

4 Möhren

3 El Zitronensaft

4 Scheiben Vollkorntoast,
gewürfelt

2 El Kräuteröl

200 g Kefir

2 El Milch

1–2 Tl Tomatenmark

1 El süßer Senf

100 g Feta (nach Belieben)

Salz, Pfeffer

1/2 Bund Basilikum

Zubereitungszeit: ca. 35 Minuten
Pro Portion ca. 288 kcal/1210 kJ
13 g E, 15 g F, 23 g KH

Für 4 Portionen

300 g Zuckerschoten

Salz

300 g Möhren

25 g Pinienkerne

2 große Bund Basilikum

2 Knoblauchzehen

2 El Aceto balsamico

Zucker

3 El Olivenöl

3 El Orangensaft

Zubereitungszeit: ca. 30 Minuten
Pro Portion ca. 142 kcal/596 kJ
4 g E, 15 g F, 9 g KH

Fenchel-Möhren-Salat

1 Den Fenchel putzen, waschen und nicht zu fein hobeln. Die Möhren putzen, waschen, schälen und ebenfalls hobeln. Fenchel und Möhren mischen und mit 2 El Zitronensaft beträufeln.

2 Kräuteröl in einer Pfanne erhitzen, die Brotwürfel knusprig braun rösten und anschließend auf Küchenpapier abtropfen lassen. Für die Sauce den Kefir mit Milch, Tomatenmark und Senf verrühren. Den Käse nach Belieben zerbröseln und unterrühren. Mit Salz, Pfeffer und 1 El Zitronensaft abschmecken. Das Basilikum waschen, trocknen und in Streifen schneiden.

3 Das Gemüse mit der Sauce vermischen, auf Tellern anrichten und mit Basilikumstreifen und Croûtons garniert servieren.

Basilikumsalat mit Zuckerschoten

1 Die Zuckerschoten putzen und 2 Minuten in etwas kochendem Salzwasser blanchieren. Die Möhren putzen, waschen, schälen und in dünne Scheiben schneiden.

2 Die Pinienkerne in einer Pfanne ohne Fett goldbraun rösten. Basilikum waschen, trocknen und Blätter abzupfen.

3 Für die Vinaigrette den Knoblauch schälen und durch die Presse drücken. Mit Balsamessig, Salz und 1 Prise Zucker verrühren. Das Öl und den Orangensaft unterrühren.

4 Die vorbereiteten Zutaten mit der Vinaigrette vermengen und auf Tellern anrichten. Mit Baguette servieren.

Für 4 Portionen

500 g frische, grüne Erbsen

Salz

1 Möhre

60 g Butter

Zucker

30 g Mehl

Pfeffer

1 Eigelb

3 El Sahne

1/2 Bund gehackte
Petersilie

*Zubereitungszeit: ca. 20 Minuten
(plus Kochzeit)*
Pro Portion ca. 288 kcal/1209 kJ
10 g E, 17 g F, 22 g KH

Für 4 Portionen

250 g Bulgur

2 mittelgroße Auberginen

2 Knoblauchzehen

1 rote Chilischote

1 Tl Speisestärke

1 große Zwiebel

1/2 Tl gemahlener Piment

1/2 Tl gemahlener
Koriander

Salz

Sonnenblumenöl zum
Braten

1 Bund Petersilie

*Zubereitungszeit: ca. 20 Minuten
(plus Zeit zum Einweichen und
Braten)*
Pro Portion ca. 578 kcal/2426 kJ
40 g E, 5 g F, 93 g KH

Schotensuppe

1 Die Erbsen enthülsen und die gewaschenen Schalen in 1,5 l Salzwasser gar kochen. Anschließend abgießen und den Sud auffangen. Die Möhre waschen, schälen und in feine Stifte schneiden.

2 Die Erbsen in 20 g Butter andünsten, die Möhrenstifte dazugeben und kurz mitdünsten. Alles mit Zucker und Salz abschmecken, Gemüse etwa 5–10 Minuten garen lassen.

3 Aus 40 g Butter und dem Mehl eine Mehlschwitze zubereiten. Mit dem Erbsensud aufgießen und 10 Minuten kochen lassen. Die Erbsen und Möhrenstifte zur Suppe geben, mit Salz und Pfeffer abschmecken. Das Eigelb mit der Sahne verquirlen und die Suppe damit legieren. Vorsicht: Die Suppe darf dabei nicht mehr kochen! Die Schotensuppe mit Petersilie bestreut servieren.

Kibbeh

1 Den Bulgur in einer Schüssel knapp mit Wasser bedecken und 20 Minuten einweichen. Die Auberginen waschen, putzen und grob zerkleinern, den Knoblauch schälen und grob hacken. Die Chilischote längs halbieren, Kerne und Stielansatz entfernen.

2 Den Bulgur durch ein feines Sieb abgießen, abtropfen lassen und in eine Schüssel geben. Das Gemüse im Mixer pürieren und zum Bulgur geben. Die Stärke mit wenig Wasser anrühren und zu der Mischung geben. Die Zwiebel schälen, hacken und mit den Gewürzen hinzufügen. Die Masse mit den Händen gut verkneten, Bällchen formen und flach drücken.

3 In einer Pfanne das Öl erhitzen und die Kibbeh darin bei mittlerer Hitze goldbraun braten. Das Fett auf Küchenpapier abtropfen lassen, die Petersilie waschen und hacken und die Kibbeh mit Petersilie bestreut servieren.

Für 4 Portionen

500 g Kartoffeln

5 Frühlingszwiebeln

150 g Schafskäse

1 El Kapern

80 g schwarze entsteinte Oliven

3 El gehackter frischer Schnittlauch

2 El gehackte frische Minze

2 El Olivenöl

Saft von 1 Zitrone

50 ml Gemüsebrühe

3 El Joghurt

3 El gehackter frischer Dill

1 Tl Senf

Salz

schwarzer Pfeffer

Zubereitungszeit: ca. 25 Minuten (plus Kochzeit)
Pro Portion ca. 207 kcal/869 kJ
13 g E, 6 g F, 26 g KH

18

Für 4 Portionen

400 g Kartoffeln

1 El Kümmel

Meersalz

400 g Rote-Bete-Kugeln aus dem Glas

1 Bund Frühlingszwiebeln

10 Salbeiblättchen

1 Bund Radieschen

100 g Rettich

200 g Salatgurke

200 ml Dickmilch

1 El Paprikapulver

2 El Chiliöl

Tabasco

Kräuter zum Garnieren

Zubereitungszeit: ca. 30 Minuten (plus Kochzeit)
Pro Portion ca. 238 kcal/1000 kJ
5 g E, 11 g F, 23 g KH

Griechischer Kartoffelsalat

1   Die Kartoffeln waschen und in kochendem Salzwasser etwa 25 Minuten bissfest garen. Abgießen und abkühlen lassen. Dann pellen und in Scheiben schneiden.

2   Die Frühlingszwiebeln putzen, waschen und fein hacken. Den Schafskäse in Würfel schneiden.

3   Kartoffeln, Frühlingszwiebeln, Schafskäse, Kapern, Oliven und Kräuter in eine Schüssel geben und alles gut vermischen.

4   Für das Dressing Olivenöl mit Zitronensaft und Gemüsebrühe vermischen. Joghurt, Dill und Senf zufügen und alles zu einer Creme verrühren.

5   Die Salatcreme mit Salz und Pfeffer abschmecken und über den Kartoffelsalat geben. Alles gründlich mischen, bis die Kartoffeln mit der Salatsauce überzogen sind.

Roter Kartoffelsalat

1   Die Kartoffeln waschen und in der Schale in mit Kümmel gewürztem Salzwasser ca. 25 Minuten kochen.

2   Die Rote-Bete-Kugeln abtropfen lassen und in Würfel schneiden. Die Frühlingszwiebeln putzen, waschen und in Ringe schneiden.

3   Den Salbei waschen, trocknen und fein hacken. Radieschen putzen, waschen und in Scheiben schneiden. Den Rettich und die Gurke schälen und würfeln.

4   Die Kartoffeln abgießen, pellen und in Würfel schneiden.

5   Die Dickmilch mit Paprikapulver und Chiliöl verrühren und mit Tabasco abschmecken.

6   Das Gemüse in eine Schüssel geben und die Sauce darüberträufeln. Alles ca. 10 Minuten ziehen lassen. Mit Kräutern garniert servieren.

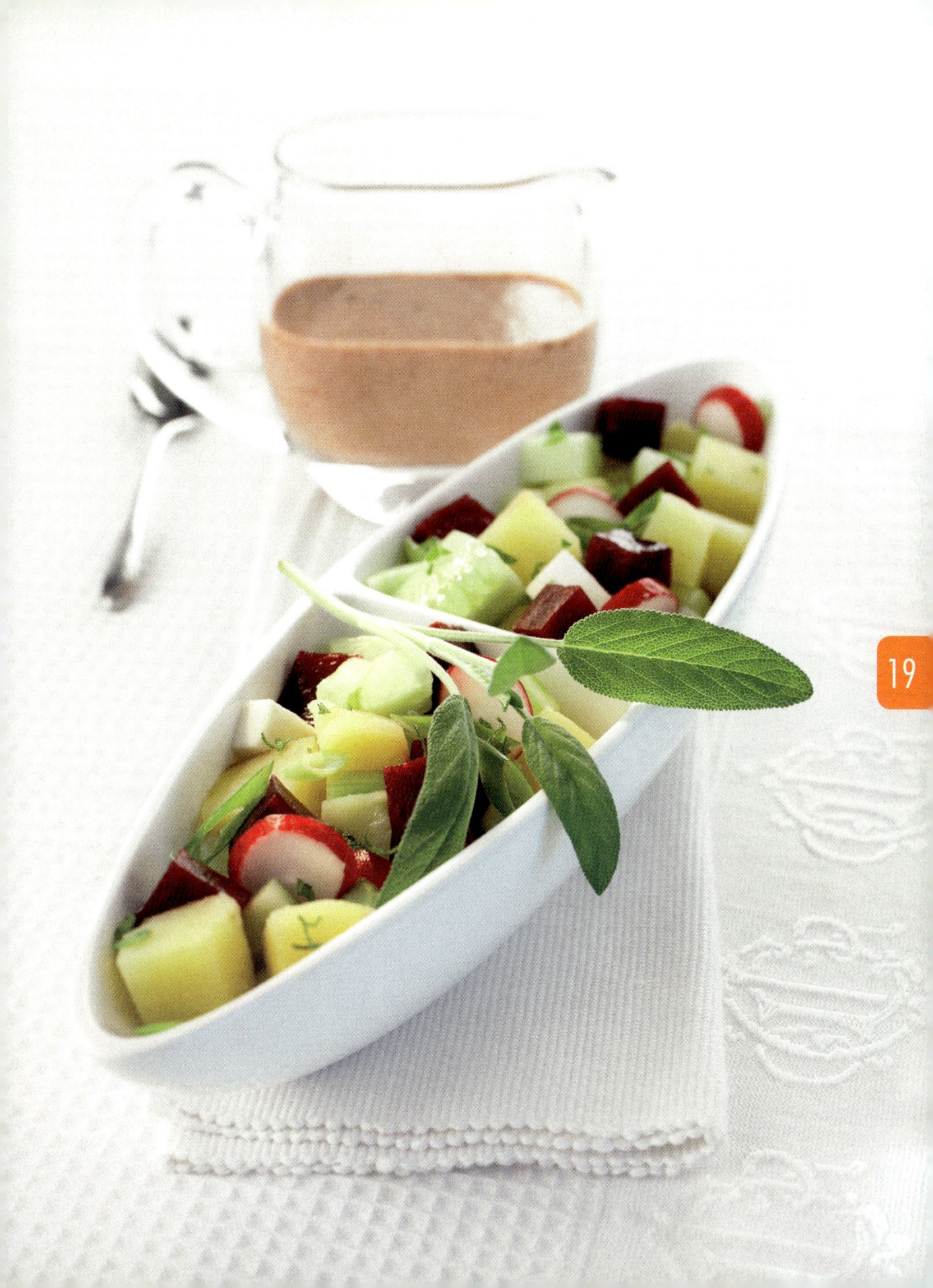

Garnelen-Lachs-Terrinchen mit frischem Dill

1 Den Backofen auf 160 °C vorheizen. Das Lachsfilet salzen und pfeffern und fest in geölte Alufolie einpacken. Das Päckchen im vorgeheizten Backofen etwa 10 Minuten garen.

2 Folie vorsichtig entfernen und den Sud dabei auffangen, Fisch leicht abkühlen lassen. Inzwischen 4 Gratinförmchen oder Tassen mit kaltem Wasser ausspülen und großzügig mit Klarsichtfolie auslegen.

3 Gelatine in kaltem Wasser einweichen. Den Dill waschen und trocken schütteln. Jeweils einen kleinen Zweig auf den Boden einer Tasse legen. Den Rest klein hacken und beiseitestellen.

4 Den Dillzweig mit jeweils 1 Stück Räucherlachs bedecken. Den abgekühlten Lachs sehr fein würfeln. Mit Quark, Joghurt, Crème fraîche, Fischsud, restlichem Dill und Zitronensaft vermischen, Garnelen unterheben. Gelatine ausdrücken und in einem Topf bei geringer Wärme auflösen. Anschließend unter die Fischmasse mischen.

5 Die Masse salzen, pfeffern und in die Förmchen verteilen. Förmchen einige Mal etwas aufstampfen, damit die Luft entweichen kann. Die Masse mit der überhängenden Klarsichtfolie abdecken. Terrinen am besten über Nacht im Kühlschrank fest werden lassen. Zum Servieren die Terrinen auf Teller stürzen.

Schlemmer-Tipp

Die Terrinchen komplett zubereiten, abdecken und in den Kühlschrank stellen. Sie können bereits 48 Stunden im Voraus zubereitet werden.

Für 4 Portionen

250 g frisches Lachsfilet

Salz

frisch gemahlener schwarzer Pfeffer

2 Blatt weiße Gelatine

5 Zweige Dill

2 Scheiben geräucherter Lachs

3 El Magerquark

2 El Naturjoghurt

2 El Crème fraîche

Saft von 1/2 Zitrone

40 g gegarte Garnelen

etwas Öl zum Bestreichen

Zubereitungszeit: ca. 30 Minuten (plus Gar- und Kühlzeit)
Pro Portion ca. 137 kcal/574 kJ
17 g E, 6 g F, 4 g KH

Bouillabaisse

1 Fische in Portionsstücke teilen. Zwiebel schälen und würfeln, Kartoffeln schälen, waschen und in Scheiben hobeln. Tomaten würfeln, Fenchelknolle putzen, waschen und in Scheiben schneiden, Petersilie hacken.

2 Zwiebel in Öl dünsten. Gemüse kurz mitdünsten. Lorbeer, Petersilie, Kräuter der Provence, Salz, Pfeffer und Safran dazugeben. Knoblauch schälen, 4 Zehen dazupressen und ca. 10 Minuten köcheln.

3 Wein mit 500 ml Wasser aufkochen. Fische zur Gemüsemischung geben und ca. 3 Minuten mitgaren. Die kochende Weinmischung angießen, Topf vom Herd nehmen und ca. 15–20 Minuten ziehen lassen.

Für 4 Portionen

1 kg gemischte küchenfertige Mittelmeerfische z. B. Drachenkopf, Petersfisch, Knurrhahn und Seeteufel

1 Zwiebel, 4 Kartoffeln

4 Fleischtomaten

1/2 Fenchelknolle

1 Bund Petersilie

1 El Olivenöl

4 Lorbeerblätter

Kräuter der Provence, Salz

frisch gemahlener Pfeffer

4 Päckchen Safran

5 Knoblauchzehen

500 ml trockener Weißwein

Zubereitungszeit: ca. 25 Minuten (plus Garzeit)
Pro Portion ca. 394 kcal/1655 kJ
42 g E, 9 g F, 23 g KH

Für 4 Portionen

2 Zwiebeln

1 Knoblauchzehe

2 grüne Paprikaschoten

2 Möhren

2 El Öl

1–2 El Currypulver

75 g Kokosraspel

1 Msp. Cayennepfeffer

125 ml Fischfond oder

Gemüsebrühe

Salz

1–2 Tl Honig

1 Bund glatte Petersilie

500 g Seelachsfilet

2 El geröstete Kokosraspel

Zubereitungszeit: ca. 30 Minuten
(plus Garzeit)
Pro Portion ca. 299 kcal/1256 kJ
17 g E, 21 g F, 12 g KH

22

Für 4 Portionen

8 Scheiben geräucherter
Lachs à 30 g

1 El Senf

1 El Honig

frisch gemahlener Pfeffer

1 Bund Dill

4 Eisbergsalat-Blätter

1 Möhre

1 El Zitronensaft

1 Stück frischer
Meerrettich (ca. 1 cm)

Kresse und Zitronenscheiben
zum Garnieren

Zubereitungszeit: ca. 15 Minuten
Pro Portion ca. 131 kcal/551 kJ
13 g E, 4 g F, 10 g KH

Scharfe Suppe vom Seelachs mit Kokos

1 Zwiebeln und Knoblauch schälen und fein hacken. Paprika putzen, waschen und halbieren, Stielansatz und Kerne entfernen und klein würfeln. Möhren schälen und ebenfalls klein würfeln.

2 Das Öl in einem Topf erhitzen und die Zwiebeln darin andünsten, Knoblauch und Gemüse mitbraten. Alles mit Currypulver bestäuben und 1 Minute anschwitzen. Kokosraspel und Cayennepfeffer dazugeben, 1 Minute mitbraten.

3 900 ml Wasser und den Fischfond dazugießen und mit Salz und Honig abschmecken. Suppe zugedeckt bei mittlerer Hitze ca. 15 Minuten köcheln lassen.

4 Petersilie waschen, trocken schütteln und klein hacken. Den Fisch waschen, trocken tupfen und in mundgerechte Stücke schneiden. Suppe fein pürieren, anschließend durch ein feines Sieb wieder zurück in den Topf geben.

5 Suppe aufkochen, Fischstücke zugeben und ca. 5 Minuten gar ziehen lassen. Suppe nochmals abschmecken und die Petersilie unterrühren. Suppe mit gerösteten Kokosraspeln garniert servieren.

Räucherlachs-Röllchen auf Möhrenspiralen

1 Die Lachsscheiben nebeneinander auf eine Arbeitsfläche legen. In einer Schüssel den Senf mit dem Honig und etwas Pfeffer verrühren.

2 Dill waschen, trocken schütteln und klein hacken. Dill mit der Senf-Honig-Masse vermischen. Die Lachsscheiben damit bestreichen.

3 Die Salatblätter waschen und abtrocknen, den dicken Rippenansatz entfernen und die Blätter der Länge nach halbieren. Lachsscheiben mit den Salatblattstreifen belegen und aufrollen.

4 Die Möhre putzen, waschen und mit einem Sparschäler dünne Spiralen abschälen. Möhrenspiralen anrichten und die Lachsröllchen darauf anrichten.

5 Den Meerrettich frisch darüberreiben und alles mit dem Zitronensaft beträufeln. Mit Kresse und Zitronenscheiben garnieren und servieren.

Für 4 Portionen

200 g Bulgur

1 Bund glatte Petersilie

4 Zweige frische Minze

1/2 Schlangengurke

4 Frühlingszwiebeln

2 Fleischtomaten

Saft von 2 Zitronen

4 El Olivenöl

Salz

Pfeffer

*Zubereitungszeit: ca. 20 Minuten
(plus Zeit zum Quellen und
Ziehen)
Pro Portion ca. 308 kcal/1291 kJ
6 g E, 13 g F, 42 g KH*

Für 4 Portionen

500 g frischer Blattspinat
(oder 450 g TK)

2 El Sesam

200 g Brie, Halbfettstufe

2 Pfirsiche

3 El Zitronensaft

4 El Rapsöl

Salz

Pfeffer

Muskat

*Zubereitungszeit: ca. 20 Minuten
Pro Portion ca.: 273 kcal/1147 kJ
18 g F, 15 g E, 15 g KH*

Tabbouleh

1 Den Bulgur in 1/2 l Wasser etwa 10 Minuten kochen, dann vom Herd nehmen und weitere 20 Minuten quellen lassen.

2 Die Petersilie und Minze waschen, trocken schütteln und hacken. Die Gurke schälen und in feine Würfel schneiden. Frühlingszwiebeln putzen, waschen und fein hacken.

3 Die Tomaten waschen, die Stielansätze entfernen und das Fruchtfleisch fein würfeln.

4 Den Bulgur mit einer Gabel auflockern. Mit dem Gemüse und den Kräutern in einer Schüssel vermischen.

5 Zitronensaft und Öl mit Salz und Pfeffer mischen und den Gemüsesalat damit überziehen. Mindestens 1 Stunde durchziehen lassen, dann nochmals gut durchrühren und servieren.

Spinatsalat mit Brie, Sesam und Pfirsich

1 Spinat putzen, dabei dicke Stiele entfernen, gründlich waschen und in Salzwasser 1 Minute kochen. Den Spinat abgießen, mit kaltem Wasser abschrecken. Erst abtropfen lassen, dann leicht ausdrücken und grob schneiden. Wenn Sie TK-Spinat verwenden, diesen nach Packungsanweisung auftauen und ausdrücken.

2 Sesam in einer Pfanne ohne Fett unter ständigem Rühren rösten, bis er duftet. Brie in Würfel schneiden. Pfirsiche waschen, halbieren, dabei den Stein entfernen. Pfirsichhälften in Spalten schneiden und mit wenig Zitronensaft beträufeln.

3 Restlichen Zitronensaft mit Salz, Pfeffer und Muskat verrühren, dann das Rapsöl zugeben und kräftig abschmecken. Spinat, Briewürfel, Sesam und Pfirsich mit der Sauce mischen und auf 4 Teller verteilen.

3 grüne Paprikaschoten

2 Auberginen

2 Eier

1 El Obstessig

Salz

2 El Pflanzenöl

1/2 eingelegte Salzzitrone

150 g grüne Oliven ohne Stein

2 El Olivenöl

Saft von 1 Zitrone

Pfeffer

1 El gehackte

glatte Petersilie

Zubereitungszeit: ca. 30 Minuten (plus Back- und Bratzeit sowie Zeit zum Ziehen für die Salzzitronen) Pro Portion ca. 221 kcal/929 kJ 6 g E, 19 g F, 7 g KH

Gemüsesalat mit Salzzitrone

1 Den Backofen auf 180 °C (Umluft 160 °C) vorheizen. Die Paprika waschen, trocken tupfen, im Ofen etwa 20 Minuten backen, bis die Schale schwarz wird und Blasen wirft. Paprika herausnehmen, abkühlen lassen und häuten, dabei die Kerne entfernen. Dann die Schoten in Stücke schneiden.

2 Die Auberginen putzen, waschen und trocknen. Anschließend in kleine, etwa 1 cm große Würfel schneiden. Die Eier trennen, die Eiweiße verquirlen und mit Essig und 1/2 Tl Salz mischen.

3 Die Auberginen darin wenden und in heißem Pflanzenöl braten. Aus der Pfanne nehmen und auf Küchenpapier abtropfen lassen. Die Salzzitrone schälen, die Schale waschen und trockentupfen. Zitronenschale in kleine Würfel schneiden. Die Oliven abtropfen lassen.

4 Paprika, Auberginen, Zitronenschale und Oliven in einer Schüssel mischen. Aus Olivenöl, Zitronensaft, Salz und Pfeffer ein Dressing bereiten und darübergießen. Mit Petersilie bestreut servieren.

Salzzitronen

1 Die Zitronen gründlich waschen, in jede Zitrone 5 Längsschnitte machen und die Schnitte mit grobem Salz füllen.

2 Die Zitronen in ein hohes, hitzebeständiges Glasgefäß geben und mit kochendem Wasser übergießen. Mit Öl bedecken und 3 Wochen ziehen lassen.

Schlemmer-Tipp

Salzzitronen können Sie ganz leicht selbst herstellen: Unbehandelte Zitronen der Länge nach vierteln, allerdings ohne sie ganz durchzuschneiden, sodass sie sich wie eine Blüte öffnen lassen. Pro Frucht ein bis zwei Teelöffel Salz einfüllen, möglichst aufrecht in Wasser zehn Minuten kochen. Dann in ein sauberes Einlegeglas stapeln, mit der heißen Flüssigkeit bedecken und luftdicht verschließen. Mindestens vier Tage warten. Danach sind die Früchte im Kühlschrank monatelang haltbar. Sie werden immer ganz, also samt der Schale verwendet.

Für 4 Portionen

3 Granatäpfel

400 g helle Weintrauben

4 El Minzeblättchen

3 El Himbeeressig

2 El Olivenöl

3 El Grenadine

1 Tl Honig

Salz

Pfeffer

2 Avocados

2 El Zitronensaft

Zubereitungszeit: ca. 35 Minuten
Pro Portion ca. 490 kcal/2060 kJ
10 g E, 14 g F, 8 g KH

Für 4 Portionen

Salz

250 g Gabelspaghetti

100 g Zuckerschoten

1 rote Paprika

1 Bund Frühlingszwiebeln

1/2 Bund Dill

1/2 Bund Basilikum

1 Bund glatte Petersilie

4 El Joghurt

4 El Sahne

1 El Meerrettich

Pfeffer

Zubereitungszeit: ca. 30 Minuten
(plus Kochzeit)
Pro Portion ca. 255 kcal/1071 kJ
10 g E, 2 g F, 48 g KH

Granatapfel-Avocado-Teller

1 Die Granatäpfel quer halbieren und die Kerne herauslösen. Die Trauben waschen, trocknen, halbieren und entkernen.

2 2 El Minzeblättchen fein hacken. Essig, Öl, Grenadine, Honig und Minze verrühren und mit Salz und Pfeffer würzen.

3 Die Avocados schälen, halbieren, die Kerne entfernen und das Fruchtfleisch in Spalten schneiden. Mit dem Zitronensaft beträufeln.

4 Die Granatapfelkerne und die Trauben mit etwas Marinade vermischen.

5 Zusammen mit den Avocadospalten auf Tellern anrichten, die restliche Marinade darüber verteilen und alles mit der restlichen Minze garniert servieren.

Grüner Pastasalat

1 In einem Topf 3 l Salzwasser zum Kochen bringen. Die Nudeln darin nach Packungsanweisung bissfest garen.

2 Die Zuckerschoten waschen, die Enden abschneiden und die Schoten in kochendem Salzwasser kurz blanchieren. In ein Sieb gießen, unter kaltem Wasser abschrecken und abtropfen lassen.

3 Die Paprika putzen, waschen, halbieren, entkernen und klein schneiden.

4 Die Frühlingszwiebeln putzen, waschen und in feine Ringe schneiden. Die Kräuter waschen, trocknen und fein hacken.

5 Die Nudeln abgießen und abtropfen lassen. Den Joghurt mit Sahne und Meerrettich verrühren. Mit Salz und Pfeffer abschmecken.

6 Das Dressing mit dem Gemüse vermischen. Die Nudeln unterheben und den Salat lauwarm servieren.

Für 4 Portionen

750 g Schollenfilets

Saft von 1/2 Zitrone

Salz

frisch gemahlener weißer Pfeffer

1 kleine Schalotte

400 g Austernpilze

3 El Butter

2 El trockener Sherry

200 g Saure Sahne (10%)

1 Bund Rucola

Zubereitungszeit: ca. 25 Minuten (plus Garzeit)
Pro Portion ca. 251 kcal/1054 kJ
39 g E, 13 g F, 4 g KH

Schollenröllchen mit Rucolafüllung

1   Schollenfilets mit etwas Zitronensaft beträufeln, salzen und pfeffern. Schalotte schälen und klein hacken. Pilze putzen, kurz waschen, gut abtrocknen und in Streifen schneiden.

2   Die Butter erhitzen und Pilze darin anbraten. Schalotte ca. 5 Minuten mitdünsten. Sherry angießen und Flüssigkeit fast ganz einreduzieren lassen.

3   Die Crème fraîche unterrühren und alles mit Salz, Pfeffer und dem restlichen Zitronensaft abschmecken. 5 Minuten weitergaren lassen.

4   Rucola putzen, waschen und trocken schleudern. 2 Blätter auf jedes Schollenfilet legen. Die Filets aufrollen, mit Küchengarn zusammenbinden und auf die Pilze setzen. Zugedeckt bei mittlerer Hitze ca. 10 Minuten garen.

5   Restlichen Rucola in Streifen schneiden. Nach Ablauf der Garzeit die Fischröllchen mit dem Pilzragout auf Tellern anrichten. Alles mit Rucola bestreuen und servieren.

Scholle

Im Sommer schmecken Schollen richtig gut. Gelaicht haben sie im Frühjahr und sich dazu viel zartes und edles Fleisch angefressen. Die „Maischolle" ist zwar in aller Munde, aber wahre Schollen-Fans warten bis Juni. Dann ist ihr Geschmack perfekt. Schollen sind nicht nur lecker, sondern auch gesund. Sie enthalten viel Jod und viele wertvolle Eiweiße, Vitamine und Omega-3-Fettsäuren. Als Ersatz für eine Scholle eignen sich andere Plattfische wie Flunder, Steinbutt oder Rotzunge.

Für 4 Portionen

3 getrocknete Morcheln

3 getrocknete Shiitake-Pilze

1 rote Chilischote

10 g Ingwer

2 Frühlingszwiebeln

2 Stängel Koriander

4 Eier

2 Tl Sojasauce

1 Prise Pfeffer

1 Tl Erdnussöl

2 El Sonnenblumenöl

Zubereitungszeit: ca. 20 Minuten
(plus Quell- und Garzeit)
Pro Portion ca. 181 kcal/760 kJ
9 g E, 15 g F, 5 g KH

Für 4 Portionen

4 Artischocken

5 El Zitronensaft

6 El Weinessig

Salz, Pfeffer

1 hart gekochtes Ei

2 Schalotten

1 Bund Petersilie

1 El Kapern

2 El Öl

Zucker

1/4 Bund Zitronenmelisse

30 g weiche Butter

4 El Joghurt

Zubereitungszeit: ca. 30 Minuten
(plus Garzeit)
Pro Portion ca. 296 kcal/1243 kJ
8 g E, 15 g F, 12 g KH

Rührei mit Pilzen

1 Die getrockneten Pilze mit so viel heißem Wasser übergießen, dass sie gut bedeckt sind. Alles ca. 15 Minuten quellen lassen.

2 Die Chilischote waschen, entkernen und in dünne Streifen schneiden. Den Ingwer schälen und sehr fein hacken. Die Frühlingszwiebeln putzen, waschen und in Ringe schneiden. Den Koriander waschen, trocknen und die Blättchen abzupfen.

3 Die Pilze in einem Sieb abtropfen lassen und in Stücke schneiden. Die Eier verquirlen und Sojasauce, Pfeffer und Erdnussöl unterrühren.

4 Den Wok erhitzen und das Sonnenblumenöl hineingeben. Die Pilze darin kurz anbraten. Die restlichen Zutaten, bis auf die Eier und den Koriander, dazugeben und mit den Pilzen vermengen. Die Eimasse hineingießen und so lange garen, bis sie zu stocken beginnt. Die gestockte Masse jeweils an den Rand schieben. Das Rührei anrichten und mit dem Koriander bestreut servieren.

Gekochte Artischocken

1 Die Artischocken waschen, abtropfen lassen und die Blattspitzen mit der Küchenschere abschneiden. Stiel dicht am Boden abschneiden und mit Zitronensaft einreiben. Gesalzenes Wasser zum Kochen bringen, etwas Zitronensaft hineinträufeln. Die Artischocken darin ca. 40 Minuten bei milder Hitze mehr ziehen lassen als kochen.

2 Essig mit Salz und Pfeffer verrühren. Das Ei pellen und fein hacken. Die Schalotten schälen und in kleine Würfel schneiden.

3 Die Petersilie waschen, trocknen und die Blätter fein hacken. Die Kapern abtropfen lassen. Alles unter den Essig rühren und das Öl unterschlagen. Mit Salz, Pfeffer und Zucker abschmecken.

4 Zitronenmelisse waschen, trocknen und die Blättchen abzupfen. Die Butter schaumig schlagen. Joghurt und Zitronenmelisse unterrühren. Mit Salz, Pfeffer und Zitronensaft würzen. Artischocken mit der Vinaigrette und der Zitronenbutter anrichten.

Für 4 Portionen

8 große festkochende
Kartoffeln

Salz

1 kg grüner Spargel

750 ml Gemüsefond

3 El Butterschmalz

1 Bund Estragon

2 cl Madeira

2 Scheiben Pumpernickel

2 El Öl

200 g geriebener Munster-
Käse

Zubereitungszeit: ca. 20 Minuten
(plus Gar- und Backzeit)
Pro Portion ca. 558 kcal/2338 kJ
22 g E, 30 g F, 45 g KH

Für 4 Portionen

1 kg frischer Blattspinat

5 Knoblauchzehen

3 El Erdnussöl

500 g Sojasprossen

2 El Fischsauce

Zubereitungszeit: ca. 15 Minuten
Pro Portion ca. 180 kcal/754 kJ
13 g E, 10 g F, 9 g KH

Gefüllte Johanni-Kartoffeln

1 Die Kartoffeln waschen und in leicht gesalzenem Wasser ca. 25 Minuten garen. Inzwischen den Spargel waschen, die unteren Enden abschneiden und die Stangen in Stücke schneiden. Im erhitzten Gemüsefond ca. 10 Minuten garen.

2 Spargel herausnehmen und abtropfen lassen. Die Kartoffeln abgießen, halbieren und vorsichtig aushöhlen.

3 Butterschmalz erhitzen und den Spargel darin andünsten. Estragon waschen, trocknen und fein hacken. Den Madeira angießen und die Estragonblättchen zum Spargel geben.

4 Den Pumpernickel zerbröseln und mit dem Öl vermengen. Dann den Spargel und den Pumpernickel in die Kartoffeln füllen und den Käse darüber verteilen.

5 Die gefüllten Johanni-Kartoffeln im Backofen auf der mittleren Einschubleiste ca. 10 Minuten überbacken.

Spinat mit geröstetem Knoblauch und Soja-sprossen

1 Den Spinat putzen, gründlich unter fließendem Wasser waschen und leicht trocken schütteln. Die Knoblauchzehen schälen und in feine Streifen schneiden.

2 Das Öl im Wok erhitzen, den Knoblauch darin hellbraun anrösten, die Sojasprossen zugeben und kurz durchschwenken. Den Spinat zugeben und zusammenfallen lassen. Mit Fischsauce würzen.

Soja

Sojasprossen enthalten viel Vitamin B und jede Menge Lecithin — Stoffe, die die Denkleistung und die Nervenkraft stärken. Lecithin wiederum ist ein wichtiger Bestandteil der Zellmembranen, vor allem der Nervenzellen. Dank dieser geballten Wirkstoff-Power kann Soja in stressigen Zeiten helfen, ausgeglichener zu sein. Außerdem enthält Soja viel Eiweiß und ist eine hervorragende Alternative zu Fleisch.

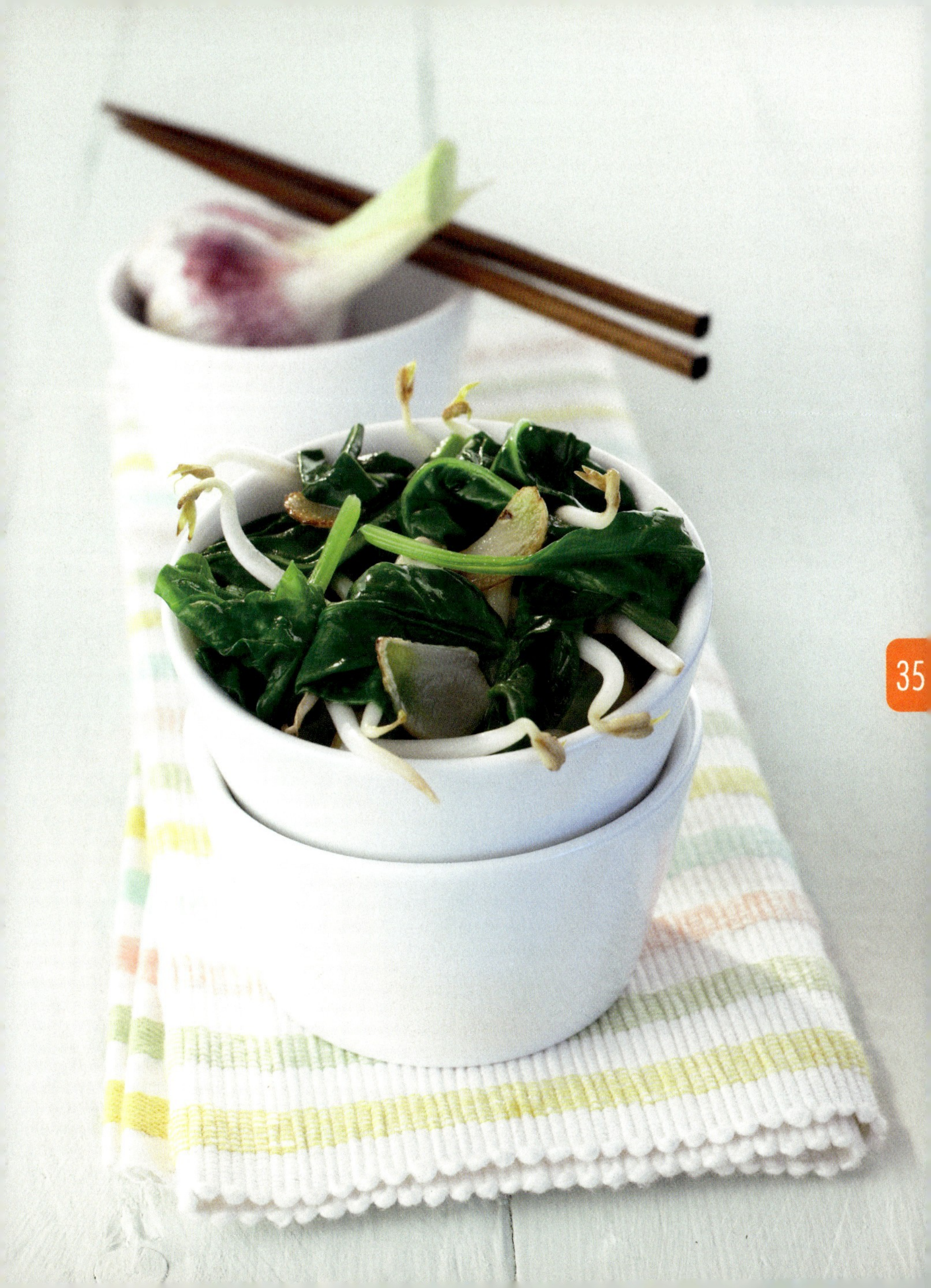

Für 4 Portionen

500 g Barschfilet
ohne Haut

2 El Austernsauce

4 El Fischsauce

1 Bittergurke

1 große rote Chilischote

2 El Pflanzenöl

1 El Palmzucker

1 El rote Currypaste

1 Dose ungesüßte
Kokosmilch (400 ml)

400 ml Fischfond

1 Dose Lychees (400 g)

Zubereitungszeit: ca. 15 Minuten
(plus Marinier- und Kochzeit)
Pro Portion ca. 466 kcal/1955 kJ
29 g E, 26 g F, 26 g KH

Für 4 Portionen

1 kleine Zwiebel

1 Möhre

1 unbehandelte Zitrone

2 Lorbeerblätter

125 ml trockener
Weißwein

4 küchenfertige Forellen
(à ca. 250 g)

1 El Salz

1/4 Bund Petersilie

Zubereitungszeit: ca. 20 Minuten
(plus Garzeit)
Pro Portion ca. 345 kcal/1449 kJ
58 g E, 7 g F, 5 g KH

Gebratener Barsch mit rotem Curry und Lychees

1 Das Barschfilet waschen, trocken tupfen und in 3 cm große Würfel schneiden. Mit Austern- und Fischsauce 30 Minuten marinieren.

2 Die Bittergurke halbieren, entkernen und in 1/2 cm dicke Scheiben schneiden. Chilischote in feine Ringe schneiden.

3 Das Öl im Wok erhitzen, den fein gehackten Palmzucker und die Currypaste darin anrösten, mit der Kokosmilch und dem Fischfond ablöschen und aufkochen. Die Bittergurken zugeben und 5 Minuten leise köcheln lassen.

4 Die abgetropften Lychees zugeben, die Fischstücke einlegen und weitere 2 Minuten ziehen lassen. Zum Schluss mit Chiliringen bestreuen.

Forelle blau

1 In einem breiten Topf ca. 2 l Wasser zum Kochen bringen. Die Zwiebel putzen, aber nicht schälen. Die Möhre schälen und klein schneiden. Die Zitrone waschen und eine Hälfte in Scheiben schneiden.

2 Die Zwiebel und die Möhren in das kochende Wasser geben. Lorbeerblätter, Zitronenscheiben und Wein hinzufügen und den Sud ca. 30 Minuten köcheln lassen.

3 Die Forellen unter fließendem Wasser reinigen und trocken tupfen, die Haut dabei nicht verletzen. Den Sud salzen und die Forellen in den Sud legen. Den Sud einmal aufkochen lassen und die Forellen anschließend bei geringer Hitze ca. 10 Minuten gar ziehen lassen. Die Forellen sind gar, wenn sich die Rückenflosse leicht herauszupfen lässt.

4 Die Forellen aus dem Fischsud heben und anrichten. Die Petersilie waschen, trocknen und fein hacken. Die Forellen mit der Petersilie und der restlichen Zitrone garnieren.

Gedämpfte Wirsing-Pilz-Päckchen

Für 4 Portionen

200 g Reis

Salz

12 Wirsingblätter

200 g Champignons

1 Bund Frühlingszwiebeln

5 Tomaten

200 g Sprossen

3–6 El Sherry

4–6 El Sojasauce

Pfeffer

300 ml Gemüsebrühe

*Zubereitungszeit: ca. 25 Minuten
(plus Garzeit)
Pro Portion ca. 240 kcal/1007 kJ
9 g E, 2 g f, 46 g KH*

1 Den Reis nach Packungsanweisung in Salzwasser garen, abgießen und gut abtropfen lassen. Reis beiseitestellen und warm halten.

2 Die Wirsingblätter putzen und waschen. Anschließend in Salzwasser etwa 1 Minute blanchieren, abschrecken und abtropfen lassen. Die Mittelrippe der abgekühlten Wirsingblätter flach schneiden.

3 Die Pilze putzen, sauber bürsten, wenn nötig waschen und trocknen, dann in kleine Würfel schneiden. Die Frühlingszwiebeln putzen, waschen und in dünne Ringe schneiden. Die Tomaten waschen, kreuzweise einritzen, mit kochendem Wasser überbrühen, Stielansätze entfernen, Fruchtfleisch häuten, entkernen und fein würfeln. Die Sprossen mit kaltem Wasser abbrausen und abtropfen lassen.

4 Das Gemüse mit den Sprossen und dem gekochten Reis vermischen. Alles mit dem Sherry, der Sojasauce und etwas frisch gemahlenem Pfeffer pikant würzen.

5 Die Wirsingblätter ausbreiten. Die Reismischung auf die Wirsingblätter geben, etwas glatt streichen und alles zu kleinen Päckchen aufrollen, dabei die Seitenränder leicht einschlagen. Die Päckchen anschließend mit Küchengarn fest verschnüren.

6 Die Gemüsebrühe in einem Wok zum Kochen bringen. Die Päckchen zugedeckt bei geringer Hitze etwa 35 Minuten gar dämpfen.

7 Die gedämpften Wirsing-Pilz-Päckchen herausnehmen und das Küchengarn vorsichtig entfernen. Wirsing-Pilz-Päckchen mit einer süß-scharfen Chilisauce servieren.

Überbackene Penne mit Fenchelcreme

Für 4 Portionen

200 g Penne

2 Fenchelknollen

200 g Süßkartoffeln aus dem Glas

2 El Olivenöl

Salz

Pfeffer

Anis-, Nelken- und Pimentpulver

500 ml Gemüsefond

2 El Schmand

50 g würziger, geriebener Hartkäse

Fett für die Form

*Zubereitungszeit: ca. 50 Minuten
Pro Portion ca. 579 kcal/2432 kJ
17 g E, 34 g F, 49 g KH*

1 Die Nudeln nach Packungsanweisung zubereiten. Die Fenchelknollen putzen, waschen und mit dem Grün fein hacken.

2 Die Süßkartoffeln in ein Sieb geben und abtropfen lassen. In Würfel schneiden.

3 Das Öl erhitzen und das Gemüse darin ca. 10 Minuten schmoren. Mit einer Gabel zerdrücken und mit den Gewürzen kräftig abschmecken.

4 Den Gemüsefond dazugeben und bei milder Hitze ca. 2–3 Minuten köcheln. Den Schmand unterrühren.

5 Den Backofen auf 220 °C vorheizen. Eine flache, feuerfeste Form einfetten. Die Nudeln in der Form verteilen und die Fenchelcreme darübergeben.

6 Das Ganze mit dem Käse bestreuen und auf der oberen Einschubleiste ca. 5–6 Minuten überbacken.

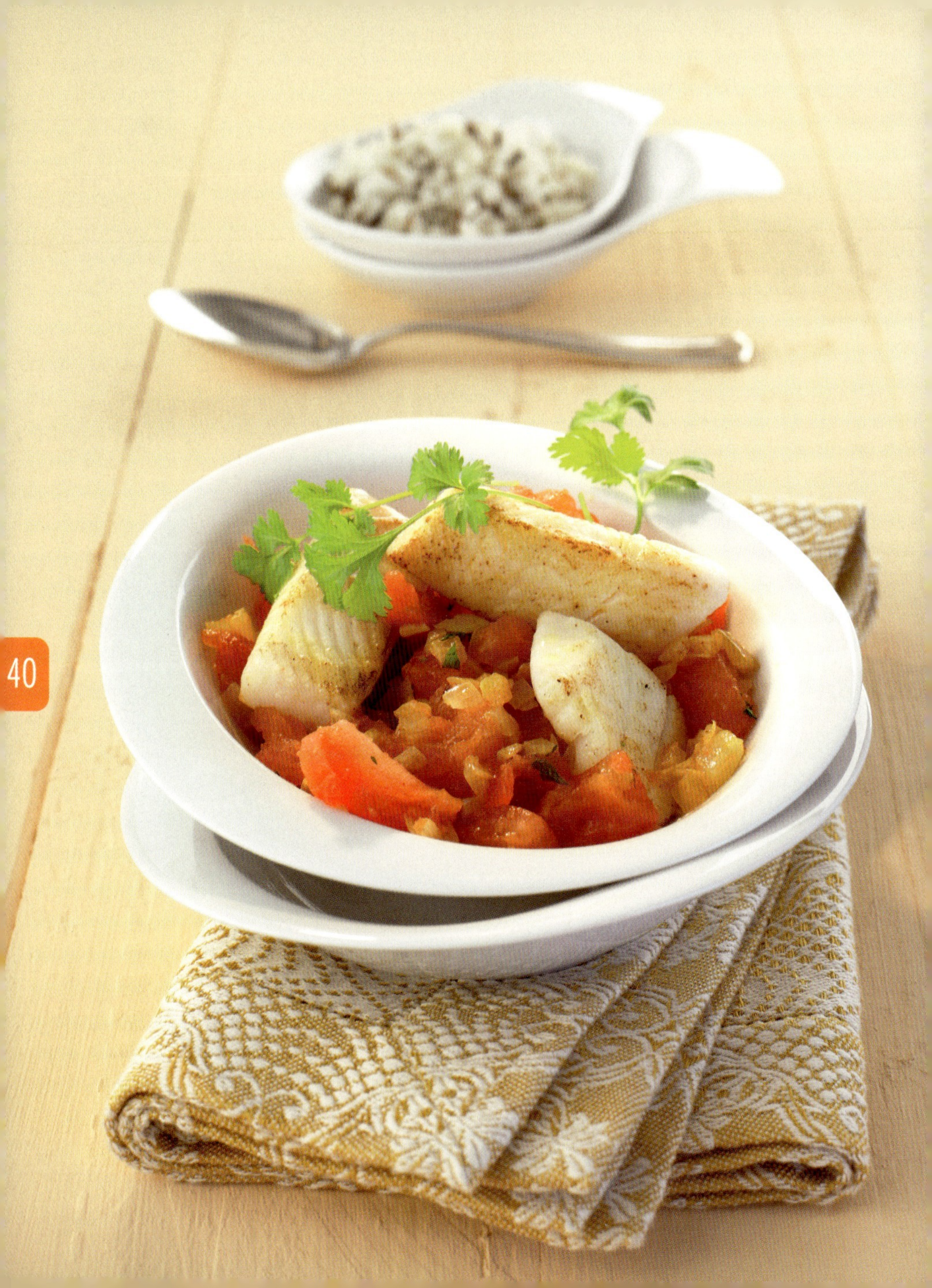

Indisches Curry vom Heilbutt

1 Den Fisch waschen und trocken tupfen. In 4 Portionsstücke schneiden, salzen, pfeffern, mit Zitronensaft beträufeln und beiseitestellen.

2 Die Zwiebeln schälen und fein hacken. Die Tomaten kreuzweise einritzen, mit kochendem Wasser überbrühen, anschließend häuten, den Stielansatz entfernen und grob würfeln.

3 Das Öl erhitzen, Zwiebeln darin 2 Minuten andünsten, Kurkuma, Korianderpulver und Chilipulver unterrühren und mitdünsten, bis es anfängt zu duften.

4 Den Fisch dazugeben, die Tomaten ebenfalls zugeben und ca. 3 Minuten garen lassen. Alles mit der Hälfte des Korianders oder der Petersilie und etwas Garam Masala bestreuen und 8–10 Minuten zugedeckt gar ziehen lassen.

5 Das Curry mit dem restlichen Koriander oder der Petersilie bestreuen und servieren. Dazu schmeckt Reis oder indisches Fladenbrot.

Schlemmer-Tipp

Das Fleisch des Heilbutts ist hell, wohlschmeckend, aber nicht so zart wie das von Glatt- oder Steinbutt. Fleisch vom schwarzen Heilbutt ist feiner im Geschmack als das vom weißen Heilbutt.

Garam Masala können Sie leicht selbst herstellen: Mischen Sie Kreuzkümmel, Koriander, Bockshornkleesaat, Senf, Nelken, Pfeffer, Zimt, Anis, Ingwer, Kümmel, Knoblauch und, wenn Sie mögen, auch Chili und Kardamom. Die Gewürze werden einzeln bei mittlerer Hitze unter ständigem Rühren trocken geröstet. Nach dem Erkalten mahlen Sie sie fein.

Für 4 Portionen

1,2 kg Heilbutt

Salz

Pfeffer

2 El Zitronensaft

3 Zwiebeln

6 Tomaten

2 El Öl

1 Msp. Kurkuma

2 Tl gemahlener Koriander

1 Prise Chilipulver

4 El gehackter Koriander oder glatte Petersilie

etwas Garam Masala (indische Gewürzmischung aus dem Asialaden)

Zubereitungszeit: ca. 15 Minuten (plus Garzeit)
Pro Portion ca. 338 kcal/1418 kJ 62 g E, 6 g F, 7 g KH

Für 4 Portionen

700 g küchenfertige
Sardinen ohne Kopf

1 Brötchen vom Vortag

250 g Spinat

2 Knoblauchzehen

1/2 Bund Basilikum

1 Ei

40 g frisch geriebener
Parmesan

Salz, Pfeffer

2 El Olivenöl

1 El Pinienkerne

*Zubereitungszeit: ca. 25 Minuten
(plus Garzeit)
Pro Portion ca. 454 kcal/1907 kJ
45 g E, 27 g F, 8 g KH*

Für 4 Portionen

300 g grüner Spargel oder
Wildspargel

4 El Olivenöl

6 Knoblauchzehen

1 Bund Dill

175 g schwarze Oliven

2 El Paniermehl

750 g Seeteufelfilet

Salz

Pfeffer

*Zubereitungszeit: ca. 20 Minuten
(plus Garzeit)
Pro Portion ca. 230 kcal/966 kJ
31 g E, 9 g F, 7 g KH*

Gefüllte Sardinen

1 Die Sardinen waschen und trocken tupfen. Das Brötchen in warmem Wasser einweichen. Den Spinat putzen, waschen und in kochendem Salzwasser etwa 2 Minuten blanchieren. Anschließend abgießen und abtropfen lassen.

2 Den Backofen auf 240 °C (Umluft 220 °C) vorheizen. Den Knoblauch schälen und hacken, das Basilikum waschen, trocken schütteln und fein hacken. Das Brötchen ausdrücken. Den Spinat hacken und mit Knoblauch, Basilikum, Brötchen, Ei und Parmesan zu einer kompakten Masse vermischen. Mit Salz und Pfeffer würzen.

3 Die Sardinen mit der Spinatmischung füllen, anschließend in eine große Auflaufform legen und mit dem Olivenöl beträufeln. Die Pinienkerne darüber verteilen. Die Sardinen im Ofen etwa 15 Minuten backen.

Sardinen

Sardinen lassen sich sehr leicht selbst entgräten: Schlitzen Sie sie am Bauch entlang auf und klappen Sie sie auseinander, sodass die Fische am Rücken noch zusammenhängen, die Gräten jedoch freiliegen. Die Gräten samt dem Kopf entfernen. Sardinen innen und außen kalt abspülen und mit Küchenkrepp trocken tupfen. Anschließend die Fische innen und außen salzen, bzw. würzen.

Provenzalischer Seeteufel

1 Holzige Spargelenden abschneiden. Den Spargel im unteren Drittel schälen und in ca. 8 cm lange Stücke schneiden. Den Backofen auf 225 °C vorheizen. 2 El Olivenöl in eine Auflaufform geben und stark erhitzen.

2 Den Knoblauch schälen und in feine Scheibchen hobeln. Den Dill waschen, trocken schütteln und die Blättchen von den Stielen zupfen. Die Oliven entsteinen und fein hacken. Die Oliven mit 1 El Olivenöl und dem Paniermehl vermischen.

3 Die Fischfilets vom Mittelknochen ablösen, waschen, trocken tupfen, salzen und pfeffern. Fisch und Spargel in die heiße Auflaufform legen und im Backofen bei 225 °C ca. 15 Minuten garen lassen.

4 Den Backofengrill auf 250 °C schalten und die Oliven-Paniermehl-Masse auf dem Spargel verteilen. Alles ca. 3 Minuten grillen.

5 Knoblauch und Dill in 1 El Olivenöl nur kurz andünsten. Der Knoblauch darf dabei nicht braun werden, sonst schmeckt er bitter. Den provenzalischen Seeteufel auf einem Spargelbett anrichten und mit der Knoblauch-Dill-Sauce beträufelt servieren.

Bunte Gemüsepfanne

1 Die Zwiebeln und die Knoblauchzehen schälen und in feine Würfel schneiden. Die Auberginen und die Zucchini putzen, waschen, der Länge nach halbieren und in fingerdicke Dreiecke schneiden. Die Tomaten häuten, halbieren, entkernen und in kleine Stücke schneiden. Die Paprikaschoten halbieren, entkernen, waschen und in grobe Stücke schneiden.

2 Das Öl im Wok erhitzen und das Gemüse getrennt voneinander unter Rühren ca. 2–3 Minuten braten. Dann das Gemüse zusammen in den Wok geben und mit Salz, Pfeffer, Senfsaat und Kreuzkümmel würzen.

3 Die Kräuter putzen, waschen und fein hacken. Zum Gemüse geben und alles mit dem Gemüsefond ablöschen. Ca. 3 Minuten kochen lassen. Die Sesamsaat in einer Pfanne ohne Fett rösten und das Gemüse damit bestreuen.

Für 4 Portionen

3 rote Zwiebeln

2 Knoblauchzehen

je 2 kleine Auberginen und Zucchini

4 Fleischtomaten

2 Paprikaschoten

2 El Sesamöl

Salz

Pfeffer aus der Mühle

Senfsaat

Kreuzkümmelpulver

1–2 Stiele Thai-Basilikum

1–2 Stiele Zitronengras oder 1 El getrocknetes Zitronengras

500 ml Gemüsefond

2–3 El Sesamsaat, geschält

Zubereitungszeit: ca. 25 Minuten (plus Bratzeit)
Pro Portion ca. 148 kcal/622 kJ
5 g E, 8 g F, 15 g KH

Gedämpfte Tomaten mit Ingwer-Kohl

1 Die Tomaten waschen, trocknen, den Deckel abschneiden, das Innere aushöhlen. Vom Kohl die äußeren Blätter entfernen, den Kohl halbieren, den Strunk herausschneiden und die Blätter in feine Streifen schneiden. Den Ingwer schälen und in feine Scheiben schneiden.

2 Das Öl im Wok erhitzen, die Kohlstreifen darin mit Ingwerpulver, Hoisin-Sauce und Fischsauce dünsten, bis sie weich sind. Dann die Kohlstreifen in die Tomaten füllen. Jeweils drei Tomaten in ein Bambuskörbchen setzen und mit Ingwerscheiben bestreuen.

3 Etwas Wasser im Wok erhitzen, die Körbchen im Wok übereinander platzieren. Den Wok mit einem Deckel verschließen. Nach 10 Minuten die oberen Körbchen mit den unteren tauschen und weitere 10 Minuten dämpfen.

4 Zum Schluss die Tomaten mit etwas Korianderöl beträufeln und mit fein gehackten Korianderblättchen bestreuen.

Für 4 Portionen

12 mittelgroße Tomaten

1/2 kleiner Weißkohl

100 g Ingwerwurzel

1 El Pflanzenöl

2 El Ingwerpulver

1 El Hoisin-Sauce

2 El Fischsauce

etwas Korianderöl

1/2 Bund Koriander

Zubereitungszeit: ca. 20 Minuten (plus Dünst- und Dämpfzeit)
Pro Portion ca. 118 kcal/497 kJ
4 g E, 6 g F, 13 g KH

Für 4 Portionen

4 Knoblauchzehen

Saft von 1/2 Zitrone

3 El Olivenöl

500 g frisches Rotbarsch-
filet

250 g Marinara-Mix oder
Crevetten (TK)

1 große Zwiebel

1 große rote Peperoni

250 g Langkornreis

ca. 500 ml Gemüsebrühe

3 Safranfäden

100 g Erbsen (TK)

3 Zitronenscheiben

*Zubereitungszeit: ca. 20 Minuten
(plus Kühl- und Garzeit)
Pro Portion ca. 580 kcal/2436 kJ
42 g E, 22 g F, 53 g KH*

46

Für 4 Portionen

600 g Seezungenfilet

400 g Karotten

2 Kaffir-Limetten

1 El Austernsauce

2 El Fischsauce

2 El Pflanzenöl

3 El Sojasauce

1 Bund Thai-Basilikum

*Zubereitungszeit: ca. 15 Minuten
(plus Marinierzeit)
Pro Portion ca. 241 kcal/1012 kJ
27 g E, 10 g F, 5 g KH*

Paella marinara

1 Den Knoblauch schälen. Den Zitronensaft mit 2 El Öl verrühren, 2 Knoblauchzehen hinzupressen, den gewaschenen und
trocken getupften Fisch hinzufügen und ca. 30 Minuten kalt stellen.

2 Inzwischen den Marinara-Mix oder die Crevetten antauen,
abspülen und abtropfen lassen. Die Zwiebel schälen und hacken.
Die restlichen Knoblauchzehen ebenfalls hacken. Die Peperoni
halbieren, entkernen und in Streifen schneiden.

3 In der Paella-Pfanne oder einer großen Pfanne das restliche
Öl erhitzen und die Zwiebeln, den Knoblauch und die Peperoni ca. 5
Minuten andünsten.

4 Den Reis dazugeben, unter Rühren glasig dünsten und mit
der Gemüsebrühe ablöschen. Den Safran hinzufügen und alles
zugedeckt bei milder Hitze etwa 10 Minuten schmoren.

5 Den Fisch aus der Marinade nehmen, auf den Reis legen und
ca. 5 Minuten schmoren lassen. Marinara-Mix oder Crevetten und
Erbsen 4 Minuten mitschmoren. Die Paella mit Zitronenscheiben
garnieren und in der Pfanne servieren.

Seezunge mit Kaffir-Limetten

1 Die Seezunge waschen, gut trocken tupfen und in 3 cm
lange Streifen schneiden. Die Karotten waschen, putzen, schälen
und der Länge nach halbieren, dann schräg in feine Scheiben
schneiden. Die Kaffir-Limetten in dünne Scheiben schneiden.

2 Die Seezungenstücke mit Austern- und Fischsauce
30 Minuten marinieren.

3 Das Öl im Wok erhitzen, die Karottenscheiben langsam darin
garen. Die Kaffir-Limettenscheiben und die Fischstücke dazugeben,
vermischen und etwa 2 Minuten braten. Mit Sojasauce ablöschen
und den gezupften Thai-Basilikum untermischen.

Schlemmer-Tipp

*Die Seezunge kommt in fast allen europäischen Küsten-
gewässern vor. Dieser beliebteste, besonders schmack-
hafte Plattfisch gehört zu den verhältnismäßig seltenen
Fängen, deshalb wird er auch teuer gehandelt. Um den
zarten Eigengeschmack zu wahren, sollten Sie eher
zurückhaltend würzen.*

Für 4 Portionen

175 g küchenfertiger
Thunfisch

12 geschälte Garnelen

200 g Lachsfilet

3 El Mehl

75 ml Sojasauce

75 ml trockener Weißwein

1 Stück frischer Ingwer
(ca. 1 cm)

2 El Öl

8 Holzspieße

Zitronenachtel zum
Servieren

Zubereitungszeit: ca. 20 Minuten
Pro Portion ca. 455 kcal/1911 kJ
79 g E, 10 g F, 10 g KH

Für 4 Portionen

500 g Thunfischfilet

1 Zitrone, Salz

frisch gemahlener Pfeffer

2 Zwiebeln

3 Knoblauchzehen

1 grüne Paprikaschote

1 rote Paprikaschote

1 Chilischote

500 g Fleischtomaten

2 El Olivenöl

2 Tl mildes Paprikapulver

500 g Kartoffeln

250 ml trockener
Weißwein

Zubereitungszeit: ca. 20 Minuten
(plus Marinier- und Garzeit)
Pro Portion ca. 485 kcal/2037 kJ
33 g E, 22 g F, 30 g KH

Spieße mit Fisch und Meeresfrüchten

1   Die Holzspieße in kaltes Wasser legen. Den Tintenfisch sorgfältig waschen und in mundgerechte Stücke schneiden. Die Garnelen eventuell noch entdarmen, waschen und abtropfen lassen.

2   Das Lachsfilet ebenfalls in mundgerechte Würfel schneiden. Tintenfischstücke, Garnelen und Lachsstücke im Wechsel auf die Spieße stecken und in Mehl wenden.

3   Die Sojasauce mit dem Wein in einen Topf geben. Den Ingwer schälen und dazureiben. Die Sauce zum Kochen bringen.

4   2 El Öl in einer Pfanne erhitzen. Die Spieße darin bei mittlerer Hitze von beiden Seiten ca. 4 Minuten goldbraun anbraten. Die Sauce hinzufügen und in der Pfanne karamellisieren lassen. Die Spieße mit Sauce und Zitronenachteln servieren.

Thunfisch-Gulasch

1   Den Thunfischfisch waschen, trocken tupfen und in mundgerechte Würfel schneiden. Zitrone auspressen. Thunfischwürfel mit dem Saft der Zitrone beträufeln, mit Salz und Pfeffer würzen und 30 Minuten marinieren lassen.

2   Zwiebeln und Knoblauch schälen und klein würfeln. Paprikas und Chili putzen, waschen, halbieren, Stielansatz und Kerne entfernen und in Streifen schneiden. Tomaten kreuzweise einritzen, mit kochendem Wasser überbrühen, anschließend häuten, Stielansatz und Kerne entfernen und klein würfeln.

3   Öl in einem Bratentopf erhitzen und die Zwiebel darin glasig braten. Knoblauch und fast alle Paprikastücke dazugeben und bei geringer Hitze ca. 5 Minuten dünsten lassen. Alles mit Paprikapulver bestäuben.

4   Tomaten, Chili, Salz und Pfeffer dazugeben und alles 5 Minuten offen köcheln lassen. Kartoffeln schälen, waschen, würfeln und mit dem Wein hinzugeben. Zugedeckt ca. 10 Minute garen lassen.

5   Thunfischwürfel zugeben, unterheben und ca. 5 Minute gar ziehen lassen. Gulasch abschmecken und mit den restlichen Paprikastreifen bestreut servieren.

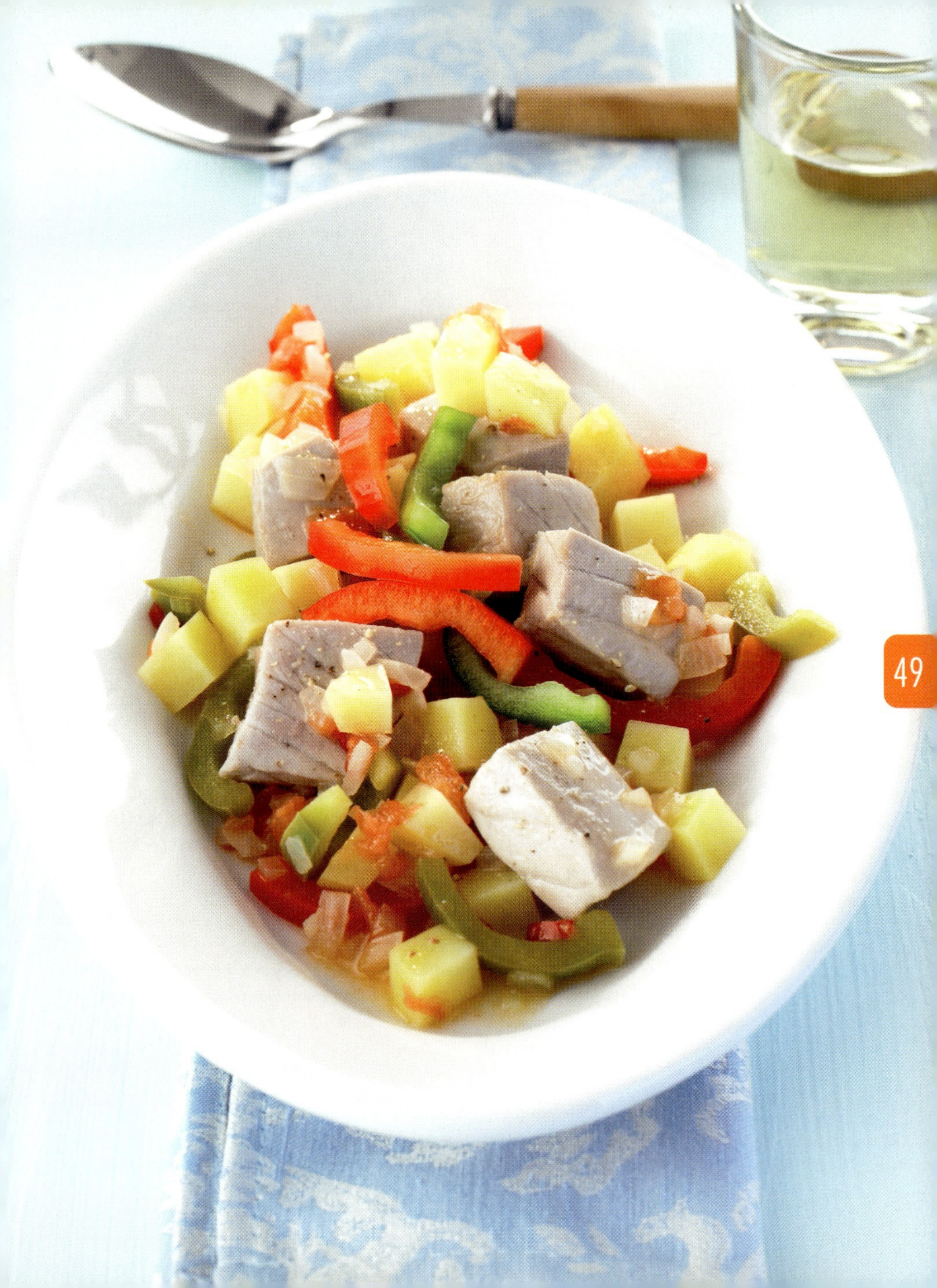

Für 4 Portionen

250 g Rundkornreis

300 ml Asiafond

5 El Reiswein

5 El Sojasauce

2 Stängel Zitronengras

2 El Fünf-Gewürz-Pulver

4 Teltower Rübchen

200 g Schlangenbohnen

2 Hähnchenbrustfilets in Scheiben

2 El Sesamöl

200 g Bittermelone

3 El Pinienkerne

4 El Entensauce

*Zubereitungszeit: ca. 30 Minuten
(plus Röst-, Gar- und Bratzeit)
Pro Portion ca. 430 kcal/1806 kJ
29 g E, 8 g F, 54 g KH*

50

Für 4 Portionen

600 g Putenbrustfilet

1 rote Paprikaschote

250 g Frühlingszwiebeln

1 Bund Basilikum

200 ml ungesüßte Kokosmilch

200 ml Hühnerbrühe

1 El rote Currypaste

2 El Sojasauce

1 El Zucker

*Zubereitungszeit: ca. 20 Minuten
(plus Kochzeit)
Pro Portion ca. 386 kcal/1620 kJ
43 g E, 13 g F, 24 g KH*

Reis mit Hähnchenbrust

1 Reis in einer Pfanne ohne Fett anrösten. Abgekühlt in einer Getreidemühle nicht zu fein mahlen.

2 Fond mit Reiswein und Sojasauce erhitzen. Zitronengras putzen, waschen, klein schneiden und mit dem Fünf-Gewürz-Pulver unterrühren. Rübchen schälen und würfeln. Bohnen putzen, waschen und klein schneiden. Alles in den kochenden Fond geben und ca. 7 Minuten ziehen lassen. Herausnehmen und abtropfen lassen.

3 Das Öl im Wok erhitzen und Fleisch darin anbraten. Die Bittermelone würfeln und mit Gemüse und Pinienkernen zum Fleisch geben. 3 Minuten braten. Reis unterrühren und alles mit Entensauce abschmecken.

Bittermelone

Das Fruchtfleisch der Bittermelone ist tiefrot mit weißen und braunen Samen. Verschiedene Carotinoide und Flavonoide geben der Frucht ihre Farbe. Neben den gesunden Eigenschaften als nährstoffreiche Gemüsepflanze wird die Bittermelone vor allem aus medizi-

Putenragout mit Kokos

1 Das Putenbrustfilet waschen, trocknen und in Streifen schneiden. Die Paprikaschote waschen, halbieren, entkernen und in Streifen schneiden.

2 Die Frühlingszwiebeln putzen, waschen und in 5 cm lange Stücke schneiden. Das Basilikum waschen und trocknen. Die Blätter von den Stielen zupfen und die Hälfte fein hacken. Restliche Blätter zum Garnieren beiseitelegen.

3 Kokosmilch und Hühnerbrühe im Wok aufkochen, das Fleisch und die Currypaste unterrühren und alles ca. 1 Minute köcheln lassen. Dabei ab und zu umrühren. Das vorbereitete Gemüse dazugeben und weitere 3 Minuten köcheln lassen. Gehacktes Basilikum, Sojasauce und Zucker dazugeben und abschmecken.

nischen Gründen geschätzt: Bei Verstopfung, Magenbeschwerden, Virus-Infektionen oder Funktionsstörungen der Leber und bei Diabetes. Wer einen erhöhten Blutzuckerspiegel hat, kann sich mithilfe der Bittermelone gesünder ernähren.

Für 4 Portionen

500 g Rindfleisch

1 Eiweiß

1 El Maisstärke

4 El Sojasauce

2 Zwiebeln

2 Knoblauchzehen

je 1 gelbe und grüne
Paprikaschote

2 Chilischoten

1 kleine Stange Porree

1 kleine Aubergine

1 Stück frischer Ingwer
(ca. 3 cm)

1 Tl Zucker

1 Tl Reisessig, 2 El Reiswein

Salz, Pfeffer

Öl zum Braten

*Zubereitungszeit: ca. 20 Minuten
(plus Bratzeit)
Pro Portion ca. 278 kcal/1165 kJ
29 g E, 11 g F, 12 g KH*

52

Für 4 Portionen

500 g Rindfleisch

200 g Blattspinat

1 reife Mango

2 milde grüne Chilischoten

2 El Pflanzenöl

2 El Sojasauce

2 El Austernsauce

3 El Sweet-Sour-Sauce

1/2 Bund Thai-Basilikum,
gewaschen

*Zubereitungszeit: ca. 30 Minuten
(plus Bratzeit)
Pro Portion ca. 254 kcal/1067 kJ
28 g E, 13 g F, 5 g KH*

Rindfleisch nach Szechuan-Art

1 Rindfleisch in dünne Scheiben schneiden. Das Eiweiß mit Maisstärke und 1 El Sojasauce verrühren und das Rindfleisch darin ziehen lassen.

2 Zwiebeln und Knoblauch schälen, Zwiebeln in feine Ringe schneiden. Paprikaschoten und Chili putzen, waschen und klein hacken. Porree putzen, waschen und in feine Streifen schneiden. Aubergine putzen, waschen und würfeln. Ingwer schälen und klein hacken.

3 Den Zucker mit der restlichen Sojasauce, Reisessig und Reiswein verrühren und beiseitestellen.

4 Öl im Wok erhitzen. Rindfleisch bei starker Hitze unter ständigem Rühren darin anbraten, dann salzen und pfeffern. Herausnehmen und beiseitestellen.

5 Auberginen, Zwiebeln, Ingwer und das restliche Gemüse anbraten, Knoblauch dazupressen. Alles bei starker Hitze rühren. Das Fleisch untermischen, die Sauce dazugießen und alle Zutaten gut miteinander verrühren.

Rindfleisch mit Spinat und Mango

1 Das Fleisch in Streifen schneiden. Den Spinat gut unter fließendem Wasser abspülen, trocken schütteln und in grobe Stücke schneiden. Die Mango schälen und das Fruchtfleisch in Stücke schneiden. Die Chilischoten waschen und in Ringe schneiden.

2 Das Öl im Wok erhitzen und den Spinat und die Chilistücke scharf darin anbraten, dann herausnehmen. Im selben Öl das in Streifen geschnittene Fleisch scharf anbraten. Mit Soja- und Austernsauce ablöschen und gut verrühren.

3 Danach die Mangostücke zum Fleisch geben. Zum Schluss den Spinat und die Chilis wieder hinzufügen und mit dem Fleisch vermengen. Mit Sweet-Sour-Sauce abschmecken und mit gezupften Thai-Basilikumblättern bestreut servieren.

Rehrücken mit Himbeeressig-Vinaigrette

1 Die Pfifferlinge putzen, wenn nötig waschen, dann aber gut abtrocknen. Rehrückenfilet salzen und pfeffern.

2 In einer Pfanne 1 Esslöffel Olivenöl erhitzen und die Filets von jeder Seite ca. 1 Minute anbraten. Im vorgeheizten Backofen auf der 2. Einschubleiste von unten bei 180 °C (Umluft 160 °C) ca. 7 Minuten garen. Dann aus dem Ofen nehmen, in Alufolie wickeln und bis zum Servieren ruhen lassen.

3 Die Walnüsse ohne Öl kurz rösten, dann beiseitestellen. Aus Himbeeressig, Honig, Nussöl, Salz und Pfeffer eine Vinaigrette zubereiten.

4 Die Pfifferlinge im restlichen Olivenöl bei starker Hitze scharf anbraten, ca. 7 Minuten weiterbraten, dann mit Salz, Pfeffer und Petersilie abschmecken.

5 Den Rehrücken in Scheiben schneiden und auf die Teller verteilen. Die Walnüsse, die Pfifferlinge und die Preiselbeeren darübergeben und alles mit der Vinaigrette beträufeln.

Für 4 Portionen

300 g Pfifferlinge

500 g Rehrückenfilet (küchenfertig)

Salz, Pfeffer

2 El Olivenöl

30 g Walnüsse

2 El Walnussöl

3 El Himbeeressig

40 g Tannenhonig

3 El gehackte Petersilie

2 El Preiselbeeren

Zubereitungszeit: ca. 30 Minuten (plus Gar- und Bratzeit)
Pro Portion: ca. 303 kcal/1273 kJ 29 g E, 16 g F, 9 g KH

Schlemmer-Tipp

Einen Essig mit Obst zu verfeinern beziehungsweise zu aromatisieren, ist seit Jahrhunderten Tradition. Himbeeressig ist eine sehr raffinierte Zutat zu allen sauren Saucen und harmoniert sehr gut mit Nussölen. Der feine Essig sollte nicht zu kalt stehen, am besten bei Zimmertemperatur, aber nicht unter direkter Sonnenbestrahlung, das würde ihn ausbleichen. Übrigens: An heißen Sommertagen ergibt ein Spritzer Himbeeressig in Mineralwasser ein erfrischendes Getränk.

Für 4 Portionen

150 g Rucola

500 g grüne Bohnen

Salz

3 Knoblauchzehen

2 El Olivenöl

Pfeffer

12 Lammkoteletts

5 Zweige Rosmarin

1 Tl Fenchelsamen

Zubereitungszeit: ca. 40 Minuten
Pro Portion: ca. 622 kcal/2610 kJ
55 g E, 39 g F, 11 g KH

Für 4 Portionen

1 küchenfertiges Kaninchen

2 Zwiebeln

125 ml Weißwein

400 ml Fleischbrühe

Salz, Pfeffer

2 El Butter

2 El Mehl

60 g Bärlauch

200 ml saure Sahne

Zitronensaft

Zubereitungszeit: ca. 30 Minuten
(plus Kochzeit)
Pro Portion: ca. 406 kcal/1705 kJ
38 g E, 23 g F, 8 g KH

Lammkoteletts mit Rucola-Bohnen

1 Den Rucola putzen, waschen und trocken schleudern. Die Bohnen putzen, waschen und in kochendem Salzwasser ca. 9 Minuten garen. Abgießen, in Eiswasser abschrecken und dann abtropfen lassen.

2 Den Knoblauch schälen und fein hacken. 1 El Olivenöl in einer Pfanne erhitzen. Bohnen und Knoblauch darin ca. 6 Minuten bei mittlerer Hitze ohne Farbe dünsten, mit Salz und Pfeffer würzen.

3 Die Koteletts waschen, trocken tupfen, von beiden Seiten salzen und pfeffern. Den Rosmarin waschen, trocken tupfen und mit der Küchenschere grob zerteilen.

4 Das restliche Olivenöl in einer Pfanne erhitzen, die Koteletts zusammen mit dem Fenchelsamen und dem Rosmarin von jeder Seite ca. 3 Minuten braten.

5 Den Rucola unter das Bohnengemüse mischen und zusammen mit den Lammkoteletts servieren.

Kaninchen in Bärlauchsauce

1 Kaninchen in Portionsstücke zerteilen. Zwiebeln schälen und vierteln. Weißwein und die Hälfte der Fleischbrühe aufkochen. Die Kaninchenstücke mit Zwiebeln, Salz und Pfeffer hineingeben und zugedeckt ca. 1 Stunde köcheln lassen, bis das Fleisch zart ist. Die Fleischstücke herausnehmen und warm stellen.

2 Für die Sauce den Fond durchsieben und mit der restlichen Fleischbrühe zum Kochen bringen. Die Butter mit dem Mehl gut verkneten, in die Sauce einrühren und einige Minuten köcheln lassen.

3 Bärlauch putzen, waschen und in feine Streifen schneiden. Bärlauch und saure Sahne unter die Sauce heben und mit Salz und Zitronensaft abschmecken. Die Fleischstücke in der Sauce nochmals heiß werden lassen und servieren.

Rinderfilet mit Pfefferkruste und Balsamicosirup

1 Das Rinderfilet waschen, trocken tupfen und mit Salz würzen. Alle Pfefferkörner in einem Mörser grob zerstoßen und in eine flache Schale geben. Das Rinderfilet mit der runden Oberseite in die Pfeffermischung drücken.

2 Das Öl in einer Pfanne erhitzen, das Filet darin bei mittlerer Hitze von allen Seiten ca. 2 Minuten anbraten, dann im vorgeheizten Backofen auf der 2. Schiene von unten bei 200 °C (Umluft nicht empfehlenswert) ca. 23 Minuten braten. Das Filet herausnehmen, in Alufolie wickeln und ca. 6 Minuten ruhen lassen.

3 Aceto balsamico und Zucker bei starker Hitze 5 Minuten einkochen lassen, denn Fond dazugeben und weitere 8 Minuten kochen, sodass ca. 60 ml Sauce übrig bleiben.

4 Den Rucola putzen, waschen und trocken schleudern. Die Radieschen putzen, waschen, halbieren oder vierteln. Das Filet aus der Folie nehmen, aufschneiden, auf eine Platte legen und mit Rucola, Radieschen und Sauce anrichten.

Schlemmer-Tipp

Das Wichtigste ist das Fleisch. Sie sollten auf jeden Fall nur gutes, abgehangenes und junges Rinderfilet verwenden. Fleisch – gleich, ob es sich um Geflügel, Rind oder Schwein handelt – muss die „Finger-Druck-Probe" bestehen: Das Fleisch darf sich nicht weich anfühlen oder sogar durchdrücken lassen, es muss schön fest sein. Rindfleisch sollte eine dunkelrote Farbe haben. Sie können außerdem am Fett erkennen, ob das Tier schon älter war: Junge Tiere haben weißeres Fett, ältere Tiere eher gelbes. Außerdem sollte das Fleisch neutral riechen. Gutes Fleisch schmeckt auch ohne Würze.

Für 4 Portionen

600 g Rinderfilet

Salz

8 El gemischte, getrocknete Pfefferkörner (rosa, schwarz, weiß, grün)

2 El Olivenöl

200 ml Aceto balsamico

1 El Zucker

200 ml Gemüsefond

150 g Rucola

150 g Radieschen

Zubereitungszeit: ca. 20 Minuten (plus Brat- und Kochzeit)
Pro Portion ca. 326 kcal/1369 kJ
33 g E, 11 g F, 24 g KH

59

Kalbsschnitzel mit Zitronensauce

1 Spinat putzen, gründlich waschen und gut abtropfen lassen. Die Schalotten fein würfeln, Knoblauch fein hacken.

2 Fond bei starker Hitze um gut die Hälfte einkochen lassen. In einem zweiten Topf 1 El Olivenöl erhitzen, Schalotten, Knoblauch und die Hälfte der Zitronenschale darin ca. 2 Minuten dünsten. Spinat dazugeben, alles weitere 4 Minuten dünsten und dabei ab und zu umrühren. Mit Salz, Pfeffer und Muskat würzen.

3 Die Kalbsschnitzel mit Salz und Pfeffer würzen, mit 20 g Mehl bestäuben. 2 El Öl in einer großen Pfanne erhitzen und die Schnitzel darin bei mittlerer Hitze von jeder Seite ca. 2 Minuten braten.

4 Die restliche Zitronenschale einmal im Fond aufkochen. Restliches Mehl mit 1 El Butter verkneten und den Fond damit binden. Vom Herd nehmen.

5 Spinat und Kalbschnitzel auf vorgewärmten Tellern anrichten und mit etwas Sauce beträufeln.

Für 4 Portionen

1,3 kg Spinat

170 g Schalotten

4 Knoblauchzehen

250 ml Kalbsfond

3 El Olivenöl

Schale von 1 unbehandelten Zitrone

Salz, Pfeffer, Muskatnuss

50 g Mehl

8 Kalbsschnitzel (à 60 g)

1 El Butter

Zubereitungszeit: ca. 20 Minuten (plus Kochzeit)
Pro Portion ca. 323 kcal/1357 kJ
34 g E, 15 g F, 13 g KH

Für 4 Portionen

1 Tl Safranfäden

250 g Basmatireis

2 Knoblauchzehen

2 Zwiebeln

1 Stück frischer Ingwer
(ca. 2 cm)

600 g Lammfleisch ohne
Knochen

Salz

2 Gewürznelken

1/2 Tl schwarze
Pfefferkörner

2 grüne Kardamomkapseln

1 Tl Kreuzkümmelsamen

2 cm Zimtstange

2 El Ghee oder
Butterschmalz

Muskatnuss

Chilipulver

180 g Naturjoghurt

4 El Rosinen

4 El geröstete
Mandelblättchen

*Zubereitungszeit: ca. 40 Minuten
(plus Brat- und Garzeit)
Pro Portion ca. 542 kcal/2277 kJ
39 g E, 13 g F, 66 g KH*

Für 4 Portionen

500 g Lammrücken

1 Tl Currypulver

1 Tl Kreuzkümmel

1 Tl Koriandersamen

3 Schalotten

2 Knoblauchzehen

400 g frischer Blattspinat

2 El Pflanzenöl

1/2 Tl Chiliflakes

1 Tl Hoisin-Sauce

*Zubereitungszeit: ca. 25 Minuten
Pro Portion ca. 234 kcal/983 kJ
30 g E, 8 g F, 10 g KH*

Lamm-Biryani

1 Safran in lauwarmem Wasser einweichen und beiseitestellen. Basmatireis waschen und ca. 30 Minuten in kaltem Wasser einweichen.

2 Knoblauch und Zwiebeln schälen, Zwiebeln in Scheiben schneiden. Ingwer schälen und reiben. Lammfleisch in mundgerechte Stücke schneiden.

3 Knoblauch mit Ingwer, Gewürznelken, Pfeffer, Kardamom, Kreuzkümmel und Zimt im Mörser fein zerstoßen.

4 Zwiebeln im Fett goldbraun anbraten. Gewürzmischung, etwas frisch geriebene Muskatnuss und Chilipulver 1 Minute unter Rühren erhitzen. Lammfleisch zugeben und gleichmäßig rundum anbraten.

5 Den Joghurt mit den Rosinen unter das Safranwasser unterrühren, aufkochen und etwa 40 Minuten köcheln lassen.

6 Salzwasser aufkochen, Reis darin kurz aufkochen lassen und bei geringer Hitze ca. 10 Minuten gar ziehen lassen. Reis mit den gerösteten Mandeln bestreuen und mit dem Fleisch servieren.

Lammrücken mit Kreuzkümmel und Spinat

1 Das Lammfleisch in dünne Scheiben schneiden. Mit Curry, Kreuzkümmel und zerstoßenen Koriandersamen vermischen.

2 Die Schalotten schälen und in feine Streifen schneiden, den Knoblauch schälen und fein hacken. Den Spinat putzen, waschen und trocken schütteln.

3 Das Öl im Wok erhitzen, Schalotten und Knoblauch darin scharf anbraten, Chiliflakes zugeben. Danach das Fleisch und die Hoisin-Sauce zugeben und scharf anbraten. Den Spinat ebenfalls hinzufügen und zusammenfallen lassen. Mit etwas Wasser ablöschen und vorsichtig verrühren.

Für 4 Portionen

700 g Hähnchenbrustfilet

1 Stück frischer Ingwer
(ca. 4 cm)

1 Schalotte

1 Knoblauchzehe

1 El helles Sesamöl

6 El helle Sojasauce

1 Stange Zitronengras

1/2 Tl Sambal Oelek

2 El Limettensaft

4 Frühlingszwiebeln

4 El Aprikosenkonfitüre

2 El Öl zum Braten

Zubereitungszeit: ca. 30 Minuten
(plus Marinierzeit)
Pro Portion ca. 313 kcal/1315 kJ
44 g E, 11 g F, 10 g KH

Für 4 Portionen

12 Hühnerflügel

Salz

Pfeffer

3 El Sesamöl

4–5 El dünnflüssiger Honig

2 El Pflanzenöl

1 Orange

1 1/2 El Zucker

Zubereitungszeit: ca. 40 Minuten
(plus Marinierzeit)
Pro Portion ca. 416 kcal/1747 kJ
26 g E, 30 g F, 10 g KH

Hähnchenbrust mit Aprikosensauce

1 Das Hähnchenbrustfilet in etwa 2 cm große Stücke schneiden. Den Ingwer, die Schalotte und den Knoblauch schälen und fein hacken. Die Hälfte vom Ingwer mit Knoblauch, Sesamöl und 3 El Sojasauce verrühren. Das Zitronengras putzen, waschen und klein gehackt unterrühren.

2 Hähnchenfleisch dazugeben und damit vermischen. Fleisch darin mindestens 3 Stunden, besser über Nacht zugedeckt im Kühlschrank marinieren lassen.

3 Restlichen Ingwer mit Sambal Oelek, restlicher Sojasauce und Limettensaft verrühren. Frühlingszwiebeln putzen, waschen und in Ringe schneiden. Aprikosenkonfitüre mit den Frühlingszwiebelringen untermischen.

4 In einem Wok das Öl erhitzen. Hähnchenfleisch darin unter Rühren garen. Über das fast gare Fleisch etwas von der Marinade träufeln. Fleisch mit der Sauce servieren.

Hühnerflügel mit Orangensauce

1 Hühnerflügel mit Salz und Pfeffer würzen. Sesamöl mit Honig verrühren und mit den Hühnerflügeln sorgfältig vermischen, 30 Minuten ziehen lassen.

2 Das Pflanzenöl in einem Wok erhitzen und die Hühnerflügel darin auf jeder Seite 4 Minuten kräftig anbraten, bis sie fast gar sind.

3 Wok vom Herd nehmen, Hähnchenflügel herausnehmen und warm halten. Orange heiß abwaschen, trocken reiben und die Schale abreiben. Die Orange auspressen.

4 Zucker ohne Rühren langsam erhitzen, bis der Zucker karamellisiert, dann vom Herd nehmen. Orangensaft und Bratensud dazugeben. Bei geringer Hitze rühren, bis eine glatte Sauce entsteht. Eventuell noch etwas Wasser oder Orangensaft hinzugießen.

5 Die Hälfte der geriebenen Orangenschale unterrühren und 3 Minuten leicht köcheln. Hühnerflügel anrichten, die Orangensauce über die Flügel gießen, alles mit der restlichen Orangenschale bestreuen und servieren.

Rezeptverzeichnis

Rezeptfotos: S. 4-5, 8-25, 28-63: Studio Klaus Arras, Köln; alle übrigen Fotos: TLC Fotostudio